TITANIC

GONDROM

© Carlton 1997
© Copyright der deutschsprachigen Ausgabe by Gondrom
Verlag GmbH, Bindlach 1997
Titel der englischen Originalausgabe:
„Titanic" von Geoff Tibballs

Carlton Books
20 St. Anne's Court
Wardour Street
London W1V 3 AW
Great Britain

Alle Rechte vorbehalten
Kein Teil dieses Werkes darf ohne schriftliche
Einwilligung des Verlages in irgendeiner Form
(Fotokopie, Mikrofilm oder ein anderes Verfahren)
reproduziert oder unter Verwendung elektronischer
Systeme vervielfältigt oder verbreitet werden.

© Copyright für alle Fotos Carlton

Bildnachweis Cover:
Vorderseite: Bridgeman Picture Library/Harley Crossley
Rückseite: Captain Smith (John Frost Newspapers),
Titanic (Hulton Getty), Bow of the *Titanic*
(Network/Rapho/Xavier Desmier),
Telegraph (Rex Features Ltd.).

Produktionsbetreuung:
Print Company Verlagsges. m.b.H., Wien
Übersetzung: Irene Spreitzer
Lektorat: Meta Gartner

ISBN 3–8112–1575–2

TITANIC

DER MYTHOS DES
„UNSINKBAREN"
LUXUSLINERS

GEOFF TIBBALLS

GONDROM

INHALT

6
EINLEITUNG
MAGIE UND GESCHICHTE

Was hat die Welt an der *Titanic* so gefesselt? *Titanic* wurde ein Synonym für Katastrophe. Dieses Kapitel gibt Einblick in die Zufälle, Vorahnungen und Geheimnisse, die die Tragödie der *Titanic* umgeben.

14
ERSTES KAPITEL
DAS GRÖSSTE SCHIFF DER WELT

Vor der Jungfernfahrt der *Titanic* hatte die Presse unglaubliches Interesse an dem Schiff gezeigt. Als Ergebnis der industriellen Entwicklungen jener Zeit versuchten sich große Schiffahrtsunternehmen in der Entwicklung größerer und besserer Schiffe zu übertreffen, um Kontrolle über die lukrativste Strecke, die Nordatlantikroute, zu erlangen. Die *Titanic* war der Versuch der White Star Line, Cunard die Vorherrschaft abzunehmen.

34
ZWEITES KAPITEL
GLANZ UND GLAMOUR

Auch die Reichtümer stiegen mit der Popularität der *Titanic*. Als größtes Schiff mußte sie auch das beste sein, und so war es unumgänglich, daß Dekor und Einrichtung den höchsten Ansprüchen genügten. Der Luxus der *Titanic* wird in seinem ganzen Glanz gezeigt.

62
DRITTEL KAPITEL
UND DIE KAPELLE SPIELTE WEITER

Wie die Ballade sagt: „Es war ein trauriger Tag, als das große Schiff sank". Dieses Kapitel erklärt die Umstände, die zur Kollision der *Titanic* mit dem Eisberg führten, und die darauffolgenden Ereignisse und bringt Augenzeugenberichte der schrecklichen Nacht.

106
VIERTES KAPITEL
DAS ERBE DER *TITANIC*

Seit die *Titanic* sank, hat sie die Menschen in ihren Bann gezogen. Sie inspirierte und inspiriert viele Filme und TV-Programme. Seit der Entdeckung des Wracks im den 80er Jahren haben es sich viele Menschen zum Ziel gemacht, sie zu heben. Der Eigentümer des Schiffes sagt, daß sie bald in einem New Yorker Museum stehen wird.

GLOSSAR 126

INDEX 127

EINLEITUNG
MAGIE UND GESCHICHTE

Sie ist das berühmteste Schiff der Welt. Auch die *Golden Hind*, die *Mayflower*, die *HMS Victory*, und die *QE2* gingen in die Geschichte ein, doch sie alle verblassen neben der *Titanic*, obwohl diese nur eine einzige Fahrt machte, die in der Katastrophe endete. Das war im April 1912. Im eisigen Wasser des Nordatlantiks kollidierte sie im Dunkel der Nacht mit einem Eisberg und sank. 1.523 Menschen starben.

EIN WINK DES SCHICKSALS: *Beim Auslaufen aus Southampton kollidiert die* **Titanic** *beinahe mit der* **New York**, *einem anderen Passagierdampfer.*

Nach 85 Jahren erfreut sich diese Legende noch immer größter Beliebtheit. Noch immer werden über die *Titanic* Bücher geschrieben (bis heute mehr als 3.000) und Filme gedreht, und es gibt nach wie vor Gesellschaften, die darüber diskutieren, wie dieses angeblich unsinkbare Schiff untergehen konnte.

Die *Titanic* war kein gewöhnliches Schiff, sondern ein schwimmendes Hotel, ja sogar eine kleine Stadt im Meer. Als sie 1911 in Belfast vom Stapel gelassen wurde, war sie nicht nur das größte Schiff, sondern auch das größte bewegliche Objekt, das je gebaut worden war. Als ultimatives Symbol von Luxus und Macht im Edwardianischen Stil sollte sie der White Star Line auf den lukrativen Atlantikrouten zur Vormachtstellung verhelfen. Der Reichtum zeigte sich auch bei ihrer Jungfernfahrt von Southampton nach New York in der Passagierliste. Die beste amerikanische Gesellschaft war an Bord und wollte diese Reise miterleben, über die sicherlich noch viele Jahre gesprochen würde. Auf tragische Weise sollten sie Recht behalten.

Anhaltende Faszination

Wie so oft wurden auch die Legenden, die sich um den Untergang der *Titanic* ranken, im Laufe der Jahre immer phantasievoller, so daß es schwierig ist, die Fakten herauszufiltern. Zahlreiche Gerüchte kursieren: Die Passagiere der ersten Klasse hätten die wenigen Rettungsboote besetzt und die anderen Passagiere zurückgelassen; ein Feigling konnte das sinkende Schiff verlassen, weil er sich als Frau verkleidete; die *Titanic* ging auch deshalb unter, weil sie den Atlantik in Rekordzeit überqueren wollte; und alle oder die meisten Opfer hätten gerettet werden können, wenn das in der Nähe befindliche Frachtschiff, die *Californian,* auf die Notraketen der *Titanic* reagiert hätte. Auch wenn eine Analyse der Opferliste zeigt, daß die Passagiere der ersten Klasse weitaus höhere Überlebenschancen hatten als die der dritten (oder des Zwischendecks), gibt es keine Hinweise auf ein Vergehen der oberen Klassen. Im Gegenteil, die meisten verhielten sich vorbildlich. Und der verkleidete Mann scheint nur ein männlicher Passagier gewesen zu sein, der sich ein Tuch um den Kopf band, um sich vor der Kälte zu schützen, und für eine Frau gehalten wurde. Die *Titanic* wollte keinen Rekord aufstellen, auch wenn sie für die Bedingungen zu schnell fuhr. Auch der Fall der *Californian* konnte, wie wir später sehen werden, niemals bewiesen werden.

Doch es gibt nach wie vor genügend Tatsachen, die garantieren, daß der Mythos der *Titanic* weiterleben wird: das Schiffsorchester, das weiterspielte, obwohl alle um ihr Leben rannten; vier Passagiere der ersten Klasse in Abendkleidung, die nach der Kollision weiter Bridge spielten; der Kapitän, der heldenhaft mit seinem Schiff sank; und das geheimnisvolle Schiff, dessen Lichter von Überlebenden gesehen wurde, bevor es abdrehte und davonfuhr.

Am aussagekräftigsten sind vermutlich die körnigen

Schwarzweißphotos, die das hellerleuchtete Schiff bei der Einfahrt in Cherbourg, dem ersten Anlaufhafen nach Southampton, zeigen. Allein ihre Größe überwältigt, speziell wenn man bedenkt, welches Schicksal die *Titanic* nur vier Tage später erwartete. Für viele liegt die anhaltende Faszination in den zahlreichen Vorfällen und übersinnlichen Phänomenen, die mit dem Unglück assoziiert werden – eine Liste, die auch in der *Akte X* nicht fehl am Platz wäre.

Die bemerkenswerteste Verkettung von Zufällen findet sich in *Futility* (oder *The Wreck of the Titan)*, dem Roman von Morgan Robertson, einem pen-

BEINAHE GESPENSTISCH
Im ersten Anlaufhafen auf ihrer Jungfernfahrt hebt sich die beleuchtete Silhouette der **Titanic** *hell gegen den Nachthimmel ab.*

Einleitung

OMEN
Der Roman
Futility *erzählt
die Geschichte eines
Passagierdampfers
und eines Eisbergs.*

W. T. STEAD
*Sah der Spiritualist
seinen eigenen Tod
voraus?*

sionierten Offizier der Handelsmarine, bereits 14 Jahre vor der Jungfernfahrt geschrieben. Er erzählt die Geschichte von *Titan,* einem angeblich unsinkbaren, britischen Passagierdampfer, der auf seiner Jungfernfahrt nach New York im April mit 2.000 Menschen an Bord eine Rekordfahrt versucht. Doch im Nordatlantik kollidiert er mit einem Eisberg, der Rumpf wird an der Steuerbordseite aufgeschlitzt, und er sinkt. Nur 13 Menschen überleben, da zu wenig Rettungsboote an Bord sind – was man später auch den Besitzern der *Titanic* vorwerfen wird. Schon die Wahl des Schiffsnamens ist ein großer Zufall. Doch bedenkt man, daß beide Schiffe im selben Monat abfuhren, drei Schiffsschrauben und eine Höchstgeschwindigkeit von 24 bis 25 Knoten, beinahe gleiche Größe und Verdrängung hatten, ungefähr dieselbe Zahl an Passagieren faßten und sich auf Jungfernfahrt befanden, als sie im selben Gebiet mit demselben Problem kämpften, sagt dieses Buch mit beinahe gespenstischer Präzision und entgegen den Gesetzen der Logik die Ereignisse voraus.

Auch *Die Amerikanisierung der Welt,* das 1892 vom bekannten britischen Journalisten und Spiritualisten W. T. Stead geschrieben wurde, prophezeite das Unglück. Auch hier wird der Untergang eines Schiffes nach einer Kollision mit einem Eisberg im Nordatlantik beschrieben. Einige Überlebende werden von einem vorüberfahrenden

Schiff namens *Majestic* unter Kapitän E. J. Smith geborgen. So hieß der unglückselige Kapitän der *Titanic,* und Stead gehörte zu den Opfern.

Der echte Kapitän Smith erlitt vor seiner Fahrt mit der *Titanic* Schicksalsschläge, die er einem unglückbringenden *Kelpies* (einem schottischen Wassergeist in Pferdegestalt) zuschrieb. 1911 fuhr er für die *Olympic,* dem Schwesternschiff der *Titanic*, die mit dem britischen Kreuzer *HMS Hawke* vor der Isle of Wight kollidierte und schwer beschädigt wurde. Ebenfalls unter seinem Kommando lief die *Olympic* auf ihrem Weg nach Southampton am 2. Februar 1912 auf ein gesunkenes Wrack auf. Nach ihrer Reparatur im Trockendock von Belfast lief sie auf ihrem Weg zum Atlantik auf einen Felsen auf und mußte neuerlich ins Trockendock. Daraufhin wurde Kapitän Smith für die *Titanic* eingesetzt. Doch als diese am 10. April 1912 Southampton verließ, stieß sie beinahe mit der im Hafen festgemachten *New York* zusammen. Viele betrachteten das als böses Omen für ein neues Schiff. Ironie war, daß Smith, bestürzt über seine Unglücksserie, nach der Jungfernfahrt der *Titanic* in Pension gehen wollte.

Aberglaube und Vorahnung

Einige Passagiere, die im zweiten Anlaufhafen, in Queenstown, Irland, an Bord gingen, hatten weitere Befürchtungen. Abergläubische Katholiken sahen mit Schrecken die Nummer 3909 04 am Rumpf unter dem Namen *Titanic.* Spiegelverkehrt gelesen ergaben diese Zahlen mit einiger Phantasie die Worte 'NO POPE' (kein Papst). Noch schlimmer war, daß das Schiff in Belfast gebaut worden war. Diese Stadt war damals wie heute durch religiösen Fanatismus gespalten.

1912 erschien in der Maiausgabe des Magazins *Popular* eine Kurzgeschichte über ein großes Schiff, das im Nordatlantik mit einem Eisberg kollidiert.

Das Magazin verließ die Druckerei, als man auf der *Titanic* in Southampton die letzten Vorbereitungen zum Auslaufen traf. Angeblich hatte der Autor, der unter dem Pseudonym Mayn Clew Garnett schrieb, diese Geschichte in allen Einzelheiten geträumt, als er an Bord der *Olympic* reiste.

„Man sagt, sie sei unsinkbar…"

Die Acht-Mann-Kapelle der *Titanic*, die so heroisch bis zum Tod spielte, gilt als Symbol für unglaubliche Selbstbeherrschung. John Hume, ein 21jähriger schottischer Geiger, war an Bord der *Olympic* gewesen, als diese mit der *HMS Hawke* kollidierte, was seiner Mutter böse Vorahnungen gab. Sie flehte ihn an, nicht mehr zur See zu gehen, wie er einigen Freunden erzählte. Nach dem Unglück berichtete ein Freund, Mrs. Hume habe geträumt, ihrem Sohn würde auf der Fahrt mit der *Titanic* Schreckliches zustoßen.

Doch sie war nicht die einzige, die böse Vorahnungen hatte. Auch viele andere äußerten die Befürchtung, daß bald etwas Schreckliches passieren würde. Einige dieser Behauptungen kann man als die üblichen Ängste ansehen, die bei Seereisen oder Jungfernfahrten im allgemeinen auftreten, doch andere beziehen sich gezielt auf die *Titanic*.

Als der Theaterproduzent Henry B. Harris nach Hause telegraphierte, daß er und seine Frau auf der *Titanic* gebucht hatten, wurde sein Geschäftspartner William Klein von einer solch bösen Vorahnung erfüllt, daß er sofort ein Telegramm mit der Bitte an Harris schickte, nicht auf diesem großen Schiff zu reisen. Harris antwortete, daß es bereits zu spät sei, um seine Pläne zu ändern, und ging zusammen mit seiner Frau an Bord. Als die *Titanic* unterging, küßte Harris seine Frau zum letzten Mal, bevor er ihr ins Rettungsboot half. Er selbst sank mit dem Schiff.

Die Familie Rouse aus Sittingbourne in Kent wollte 1912 in die USA emigrieren. Ursprünglich sollte die ganze Familie reisen, doch Richard Rouse beschloß vorzufahren, um alles für die Ankunft seiner Frau Charity und der achtjährigen Tochter Gladys vorzubereiten. Er buchte auf der *Titanic*. Etwa eine Woche vor Abfahrt brachte er Frau und Tochter nach Southampton, um das Schiff anzusehen. Mrs. Rouse bekam Angst und meinte zu ihrem Mann: „Dieses Schiff ist zu groß. Ich habe das Gefühl, daß wir damit niemals in Amerika ankommen werden." Sie versuchte, ihn zum Bleiben zu überreden, doch er meinte nur: „Mach dir keine Sorgen. Es ist ein nagelneues Schiff, und außerdem sagt man, es sei unsinkbar." Doch Mrs. Rouse sorgte sich weiterhin, selbst nachdem sie eine Ansichtskarte von ihrem Mann aus Cherbourg oder Queenstown erhalten hatte. Ein paar Tage später brach sie zusammen, als sie hörte, daß die *Titanic* gesunken war. Ihr Mann hatte nicht überlebt.

Im Frühjahr 1912 bereitete Stephen Jenkin alles für seine Rückkehr von seinen Eltern in Cornwall in die USA vor. Er hatte bereits eine Überfahrt auf einem anderen Schiff gebucht, doch wurde er durch den Kohlestreik gezwungen, auf die *Titanic* umzubuchen. Als er das hörte, war er so sehr um seine Sicherheit besorgt, daß er nach seiner Abfahrt nach Southampton plötzlich beschloß, zum Haus seiner Eltern zurückzukehren. Dort hinterließ er alle Wertgegenstände, darunter auch seine Uhr, für den Fall, daß er auf der Überfahrt getötet würde. Keine Frage, Stephen Jenkin starb bei dem Unglück.

„Sie ist verflucht. Ich fühle es! Ich weiß es!"

Mrs. William Bucknell aus Philadelphia sollte mit Mrs. J. J. Brown in Cherbourg auf die *Titanic* gehen. Doch Mrs. Bucknell hatte ein schlechtes Gefühl und meinte zu ihrer Freundin: „Ich habe schreckliche Angst davor, an Bord dieses Schiffes zu gehen. Ich bin mir sicher, daß etwas Schreckliches passieren wird." Selbst nachdem Mrs. Brown ihre Freundin überredet hatte, doch aufs Schiff zu kommen, hielt sie an ihrer Meinung fest. „Es ist verflucht", meinte sie. „Ich fühle es! Ich weiß es!" Am 14. April erzählte

SIRENENGESANG
Was veranlaßte den **Geiger John Hume,** *an der Jungfernfahrt der* **Titanic** *teilzunehmen, nachdem er schon bei der* **Kollision ihres Schwesterschiffes, der Olympic,** *mit der* **HMS Hawke** *dabei gewesen war?*

Einleitung

DER LETZTE ANLAUFHAFEN
Nach dem Verladen der Post läuft die Titanic aus dem Hafen von Queenstown aus.

sie Dr. Arthur Brewe, einem Arzt aus Philadelphia, am Abend im Speisesaal der ersten Klasse von ihrer Angst. Danach gingen die beiden Frauen in ihre Kabinen. Das nächste Mal trafen sie sich nach der Kollision mit dem Eisberg auf Deck, als sie bereits Rettungsringe trugen. Mrs. Bucknell rief: „Habe ich es nicht gesagt? Ich wußte es." Die beiden Frauen überlebten und konnten ihre Geschichte erzählen, doch Dr. Brewe starb.

Isaac C. Frauenthal, ein Anwalt aus New York, war zur Hochzeit seines Bruders Henry nach Nizza gereist. Die beiden Brüder und Henrys Braut kehrten auf der *Titanic* in die Heimat zurück. Kurz nach dem Auslaufen aus Southampton erzählte Isaac von einem Traum, den er vor dem Betreten des Schiffes hatte: „Ich hatte das Gefühl, auf einem großen Dampfer zu sein, der nach einem Zusammenstoß zu sinken begann. Im Traum sah ich völlig realistisch, wie das Schiff allmählich unterging, und hörte das Geschrei der geschockten Passagiere." Er hätte diesen einen Alptraum abgetan, doch er kam wieder. Er war sich daher der

Gefahr nur zu gut bewußt, als er aufwachte und merkte, daß die *Titanic* mit einem Eisberg kollidiert war. Sein Bruder Henry machte sich keine Sorgen, da er meinte, das Schiff wäre zu groß, um zu sinken, doch dank Isaac konnten die drei in einem Rettungsboot entkommen.

„Dieses Schiff wird sinken."

Eine der beeindruckendsten Voraussagen kam von Mrs. Blanche Marshall, die mit Familie, Freunden und Bediensteten sah, wie die *Titanic* kurz nach dem Auslaufen aus Southampton an der Isle of Wight vorbeifuhr. Plötzlich meinte Mrs. Marshall: „Dieses Schiff wird untergehen, bevor es Amerika erreicht." Alle sagten ihr, daß die *Titanic* unsinkbar wäre, doch sie erwiderte: „Ich sehe Hunderte Menschen im eiskalten Wasser um ihr Leben kämpfen. Seid ihr so blind, daß ihr sie ertrinken laßt?" Drei Jahre später sagte sie auch den Untergang der *Lusitania* voraus, die im Mai auf einer Überfahrt von einem deutschen Torpedo getroffen wurde.

Einige Passagiere hatten so böse Vorahnungen, daß sie ihre Pläne änderten und nicht mit der *Titanic* reisten. Frank Adelman, ein Geiger aus Seattle, hatte für sich und seine Frau eine Überfahrt nach Amerika gebucht, doch einige Tage vor der Abreise wurde Mrs. Adelman plötzlich von Angst erfüllt. Sie flehte ihren Mann an, zu stornieren und mit einem späteren Schiff zu reisen. Mr. Adelman willigte ein, eine Münze zu werfen, die über ihre Teilnahme

**EIN VER-
BLASSENDES BILD**
*Für drei Viertel der Passagiere war dieser irische Küsten-
abschnitt das letzte Stück Land, das sie in ihrem Leben sehen sollten.*

Einleitung

„ALL DIESE ERTRINKENDEN MENSCHEN"
Ein Mädchen, das im Sterben liegt, sagt ein furchtbares Unglück auf hoher See voraus.

entscheiden sollte. Zum Glück gewann Mrs. Adelman, und die Reise auf der *Titanic* wurde storniert. Ebenso gelang es Mrs. Shepherd aus Nebraska, ihren Mann per Brief und Telegramm von der Fahrt abzuhalten. Er stornierte seine Buchung. W. Rex Sowden, Kapitän der Heilsarmee, war in Kirkcudbright in Schottland stationiert. In der Nacht des 14. April 1912 saß er um 23 Uhr Ortszeit am Bett eines sterbenden Waisenmädchens namens Jessie und hörte, wie sie dreieinhalb Stunden vorher das Unglück vorhersagte. Sie packte ihn bei der Hand und rief: „Sehen Sie nicht, wie dieses große Schiff im Wasser versinkt?" Kapitän Sowden schob es auf einen schlechten Traum, doch das Mädchen beharrte auf seiner Vision. „All diese ertrinkenden Menschen," meinte sie weiter. „Jemand mit Namen Wally spielt auf der Geige und wird zu Ihnen kommen." Danach verlor sie das Bewußtsein. Kurz vor ihrem Tod sah Kapitän Sowden, wie sich die Türklinke bewegte, und hatte das Gefühl, jemand hätte den Raum betreten. Er sagte: „Wenige Stunden später ging die Tragödie der *Titanic* um die Welt. Unter den Opfern war auch Wally Hartley, der Kapellmeister, den ich als Kind gut gekannt hatte. Ich wußte nicht, daß er zur See gegangen war oder etwas mit Schiffen zu tun hatte."

Die Fakten sind ungewöhnlicher als die Fiktion

So lebt die Legende der *Titanic* weiter und wird immer wieder durch mysteriöse Ereignisse genährt. 1985 wurde das Schiffswrack im Atlantik von einer Expedition unter der Führung des amerikanischen Ozeanographen Dr. Robert Ballard entdeckt. Die Untersuchung des Wracks sollte zahlreiche Fragen klären, doch da man ein mysteriöses Schott und kein Namensschild am Heck fand, führte dies zu einer weiteren Theorie über den Untergang der *Titanic*. 1995 veröffentlichten Robin Gardiner und Dan van der Vat das Buch *Die Titanic-Verschwörung*, das von einigen Kritikern in dieselbe Kategorie gereiht wird wie die Behauptungen, daß Elvis Presley noch am Leben sei und bei McDonald's arbeite.

Gardiner und van der Vat behaupten, daß nicht die *Titanic*, sondern deren Schwesterschiff, die *Olympic*, sank. Das Ganze sei ein Versicherungsbetrug von John Pierpont Morgan, dem Besitzer der Reederei White Star, um eine Million Pfund gewesen. Morgan hatte auch tatsächlich seinen Platz auf der *Titanic* in letzter Minute storniert. Die Autoren meinen, daß diese Verschwörung 1911 begann, als die *Olympic* bei einem Zusammenstoß mit der *HMS Hawke* beschädigt wurde. White Star konnte die Reparatur

nicht zahlen und hatte ein schadhaftes Schiff, das angeblich nur zusammengeflickt für die beinahe fertiggestellte *Titanic* ausgegeben wurde. Dieses jagte man absichtlich mit zu hoher Geschwindigkeit in den Nordatlantik, der voller Eisberge war. Geplant war, laut den Autoren, einen Eisberg zu streifen, die Schleusen zu öffnen und die Menschen auf ein anderes Schiff von White Star zu evakuieren, das bereits wartete – das geheimnisvolle Schiff, dessen Lichter in der Nähe gesehen wurden. Doch die Kollision ereignete sich zu stark und zu früh. Eine interessante, jedoch aber unwahrscheinliche Theorie.

Rund um die *Titanic* gibt es auch viele bestätigte Gerüchte. Im April 1935 erging es einem Schiff namens *Titanian*, das Kohle von Newcastle nach Kanada transportierte, beinahe ebenso wie der *Titanic*, als es im selben Gebiet des Nordatlantiks auf einen Eisberg stieß. Zum Glück fühlte William Reeves, ein Besatzungsmitglied, die drohende Gefahr und schrie, kurz bevor der Eisberg aus der Dunkelheit auftauchte: „Gefahr in Verzug!". Reeves wurde am 15. April 1912 geboren, am Tag des Untergangs der *Titanic*.

Eines ist sicher: Bei der *Titanic* sind die Fakten wirklich ungewöhnlicher als die Fiktion.

DER LETZTE HALT
*Hier sieht man die **Titanic** vor der Küste von Queenstown (heute Cóbh), ihrem letzten Anlaufhafen.*

ERSTES KAPITEL
DAS GRÖSSTE SCHIFF DER WELT

Zur Jahrhundertwende waren Lord Pirrie und Joseph Bruce Ismay zwei der mächtigsten Männer der Schiffahrt. Pirrie war Vorsitzender von Harland & Wolff, der berühmtesten Werft Belfasts, und Ismay war Besitzer einer der größten Dampfschiffahrtsgesellschaften Großbritanniens, der White Star Line.

GROSSE HOFFNUNGEN: *Harland & Wolff verstärkten ihre Helligen, um eine neue Generation von Passagierdampfern bauen zu können.*

Die White Star Line kämpfte mit der Cunard Line um die Kontrolle über die äußerst profitable Nordatlantikroute zwischen Großbritannien und den Vereinigten Staaten. Da Harland & Wolff immer schon für White Star Schiffe gebaut hatten, kannten sie einander gut. Sie wußten, daß sie nur durch Expansion Cunard schlagen konnten.

An einem Abend des Jahres 1907 speiste Ismay mit Lord und Lady Pirrie in deren Residenz, dem Devonshire House, im Londoner Bezirk Mayfair. Nach dem Essen schlug Pirrie vor, drei riesige Transatlantikkreuzer zu bauen – größer, schneller und luxuriöser als alles, was bisher übers Meer gefahren war. Ismay hörte begeistert zu, als Pirrie die drei Schiffe beschrieb. Um ihre Größe und Klasse zu unterstreichen, sollten sie *Olympic, Titanic* und *Gigantic* heißen. Letztere wurde später auf *Britannic* umgetauft und 1916 von einer deutschen Mine versenkt. Zu diesem Zeitpunkt waren die Namen der beiden ersten Schiffen bereits in aller Munde – aber aus ganz anderen Gründen.

Die Schiffbautradition von Belfast ging auf 1850 zurück. Die Werft befand sich auf der künstlichen Insel Queen's Island, die zwischen 1841 und 1846 von der Belfaster Hafenbehörde im Zuge der Errichtung des Viktoriakanals trockengelegt worden war. Ein Teil des Landes wurde an Robert Hickson & Co. verpachtet, der 1853 begann, hier Segelschiffe aus Eisen zu bauen. Ein Jahr danach trat der Techniker Edward Harland in die Firma ein, der sie, als Hickson 1858 in Pension ging, für 5.000 Pfund kaufte.

Er baute die Oberdecks nicht mehr aus Holz, sondern aus Eisen, so daß der Rumpf ein sehr starker Kastenträger wurde. Er veränderte die Form des Rumpfes, durch eine flache Bodenplatte und rechteckige Kielräume erhöhte er die Kapazität der Schiffe. Harland hatte das Glück, von Gustavus Schwabe, einem deutschen Juden, finanziert zu werden. Schwabe hatte auch in eine kleine Reederei in Liverpool, der Bibby Line, investiert. Seine Schiffe ließ er von Harland reparieren und bauen. Der erste ansehnliche Auftrag der neuen Werft waren drei Dampfer der Bibby Line. Am 1. Januar 1862 wurde

Schwabes Neffe, ein Techniker namens Gustav Wolff, Harlands Partner. So entstand das berühmte Unternehmen Harland & Wolff.

Aufstieg von William James Pirrie

Unter den ersten Lehrlingen, die die Firma einstellte, war ein 15jähriger Kanadier namens William James Pirrie, der in Quebec als Sohn eines Nordiren schottischer Abstammung und einer Nordirin geboren wurde. Nach dem Tode seines Vaters ging Pirrie mit seiner Mutter nach Irland zurück und fing bei Harland & Wolff an. Er machte rasch Karriere, vom Konstrukteur zum Assistenten und vom stellvertretenden Geschäftsführer zum Geschäftsführer. Mit 27 Jahren war er bereits Teilhaber. Damals war Harland & Wolff ein wichtiges Unternehmen, das aufgrund des Einsatzes und der Energie der Teilhaber sowie seiner Qualitätsarbeit einen guten Ruf genoß. 1864 wurden in der Werft Schiffe mit einem Gesamtvolumen von 30.000 Bruttoregistertonnen gebaut, 1884 waren es bereits 104.000 Bruttoregistertonnen. Pirries Karierre fiel mit der Entwicklung des Stahlschiffsbaus zusammen. Nach Harlands Tod 1895 übernahm Pirrie den Vorsitz der Firma. Elf Jahre später ging auch Wolff in Pension und überließ Pirrie (der inzwischen einen Adelstitel erhalten hatte) die alleinige Leitung des Unternehmens. Pirrie war ein Diktator. Dieser energische kleine Mann holte selbst die Aufträge für die Schiffe ein und ließ sie großteils nach seinen eigenen Entwürfen bauen. Seine Kunden gaben nur die allgemeinen Richtlinien vor. Nur Pirrie wußte um die finanzielle Lage der Firma oder durfte darüber sprechen. Unter seiner Leitung wurde die Werft zwischen 1906 und 1908 umfassend modernisiert. Anstelle von drei wurden nun zwei größere Helligen gebaut. Darüber wurde eine riesige Montagebrücke mit einer Fläche von 252 x 72 Meter errichtet. Hier wurden die *Olympic* und die *Titanic* gebaut, die ersten zwei der insgesamt drei großen Passagierschiffe, die nach Pirries Deal mit der White Star Line und J. Bruce Ismay entstehen sollten.

WILLIAM JAMES PIRRIE
Mit 27 Jahren war er bereits Partner bei Harland & Wolff.

Erstes Kapitel

SCHWESTERN

Innerhalb weniger Monate wurden bei der Werft von Harland & Wolff die Olympic *und die* Titanic *fertiggestellt.*

Gewinne im Atlantikraum

Die Flagge der White Star wurde erstmals um das Jahr 1850 auf Schiffen gehißt, die meist britische Emigranten nach Australien brachten, wo man Gold gefunden hatte. 1867 ging der Besitzer der Reederei in Pension, die nun in den Besitz von Thomas Henry Ismay, dem Sohn eines Bootsbauers aus Cumberland gelangte. Ismay ersetzte nach und nach die hölzernen Segelboote durch Eisenschiffe und sicherte sich die finanzielle Unterstützung von Gustavus Schwabe. Die Strecke nach Australien war zwar profitabel, aber Ismay und Schwabe wußten, daß die Route über den Atlantik noch weit höhere Gewinne versprach.

Diese Goldgrube war durch den raschen Aufstieg der USA in der zweiten Hälfte des 19. Jahrhunderts entstanden. Zwischen 1840, als mit Samuel Cunards *Britannia* erstmals Linienverkehr auf Dampfschiffen über den Atlantik eingeführt wurde, und 1890 stieg der Handel von Baumwolle, Tabak und Weizen zwischen den USA und Großbritannien um das Siebenfache. Außerdem vervierfachte sich die Einwohnerzahl der Vereinigten Staaten. Cunard hatte sich vorwiegend auf den Transport von Post, Fracht und Passagieren der ersten Klasse spezialisiert; mittlerweile hatte sich aber eine neue Kundenschicht gebildet, nämlich Auswanderer aus Großbritannien und Europa, die für wenig Geld auf die andere Seite des Atlantik gelangen und dort ein neues Leben beginnen wollten. Nicht allen gefiel die Neue Welt, und im Laufe der Jahre kehrten nicht weniger als 100.000 enttäuschte Briten wieder nach Hause zurück. Man konnte nur auf dem Seeweg reisen, und so wurden die Passagierlisten immer länger und die Schiffe immer größer.

Da Schwabe in beiden Firmen tätig war, wurden die Schiffe von White Star bei Harland & Wolff gebaut. Die Zusammenarbeit begann 1870 mit der *Oceanic*. Weitere Schiffe folgten, so daß die Flotte von White Star auf dem Atlantik bald zu einer ernsthaften

Konkurrenz für Cunard wurde. Um 1875 fuhren Schiffe von White Star, wie die *Britannic* oder die *Germanic*, mehr als 16 Knoten, wodurch sich die Reisedauer auf weniger als siebeneinhalb Tage verkürzte. 1889 führte White Star seine ersten Doppelschraubendampfer ein, die *Teutonic* und die *Majestic*, die beide Geschwindigkeiten von 20 Knoten erreichten. Andere, insbesondere deutsche, Reeder stiegen nach und nach in den Konkurrenzkampf ein.

Auch Amerika wollte an dem Geschäft teilhaben. Die Schiffahrt hatte sich in den USA wegen des Bürgerkrieges und da potentielle Geldgeber lieber in Öl, Stahl und Eisenbahnen investierten, nur langsam entwickelt. Schließlich wurden aber, trotz Ismays Bemühungen, die Liverpooler Inman Lines an die Internationale Schiffahrtsgesellschaft in Philadelphia und die Pennsylvania Eisenbahngesellschaft verkauft, wodurch die Amerikaner Zugang zu hochentwickelter britischer Technologie bekamen. Diese neue Gesellschaft kam später in den Besitz des amerikanischen Finanziers John Pierpont Morgan.

Harter Preiskampf

Morgan ging sofort daran, den Atlantik zu erobern, indem er Konkurrenten rücksichtslos bekämpfte. Nach der Fusion mit den führenden deutschen Linien begann er einen Preiskampf mit Cunard. Morgan bot eine Transatlantikreise in der dritten Klasse um nur zwei Pfund an. Zu Cunards Schrecken versuchte Morgan auch, die Gesellschaft zu übernehmen, was jedoch von der britischen Regierung umgehend verhindert wurde, die keine weitere britische Gesellschaft in amerikanischen Händen sehen wollte.

Pirrie von Harland & Wolff erkannte, daß Morgan eine ernsthafte Bedrohung für seine

JOHN PIERMONT MORGAN
Der harte amerikanische Unternehmer kaufte die White Star Line und war daher Eigentümer der **Titanic**.

Werft darstellte. Eine Fortsetzung des Preiskrieges hätte bedeutet, weniger Geld für den Bau neuer Schiffe zu haben. Außerdem tätigte Pirrie einen Großteil seiner Geschäfte mit White Star, die genauso verwundbar war wie Cunard. Durch den Verlust seiner Partner (Schwabe war 1890 gestorben, Ismay 1899) wurde White Star von Ismays Sohn J. Bruce geleitet, der im Umgang mit rücksichtslosen Unternehmern wie Morgan unerfahren war. Daher beschloß Pirrie, mit Morgan zusammenzuarbeiten, und half dem Amerikaner, 1902 White Star zu erwerben. Die Reederei gehörte nun zur International Mercantile Marine, an der Morgan Teilhaber war. J. Bruce Ismay blieb Vorsitzender von White Star, seine Schiffe verkehrten weiterhin mit britischer Belegschaft unter britischer Flagge. Die wahre Macht lag aber auf der anderen Seite des Atlantiks.

Größer und schneller

Der Trend zu größeren und schnelleren Schiffen hatte die Seefahrt im 19. Jahrhundert beherrscht. Das erste Dampfschiff, das den Atlantik überquerte, war 1838 die *Sirius*. Dieser kleine hölzerne Raddampfer war 63 Meter lang, 7,5 Meter breit und hatte eine Raumtiefe von nur 5,5 Metern. Er er-

JOSEPH BRUCE ISMAY
Der Vorsitzende von White Star wurde später wegen seines Verhaltens beim Untergang der **Titanic** *scharf kritisiert.*

Erstes Kapitel

NEUE MASSSTÄBE
Cunard schuf mit der **Mauretania** *einen neuen Schiffstyp. White Star mußte sie überbieten, wenn sie nicht zugrunde gehen wollte.*

reichte eine Durchschnittsgeschwindigkeit von nur siebeneinhalb Knoten und war nicht einmal ein Viertel so groß wie die *Titanic*. Durch den technischen Fortschritt wurde der Holzrumpf durch einen Eisen-, dann durch einen Stahlrumpf ersetzt. Wegen des Mißerfolgs von Brunels *Great Eastern* im Jahr 1858 verwendete man jedoch keine Schaufelräder als Fortbewegungsmittel, sondern Schiffsschrauben, die durch Kolbenmaschinen angetrieben wurden. Die Kolbenmaschine entwickelte sich von einer Verbund- zu einer Dreifach- und später zu einer Vierfachexpansionsmaschine; die Schiffe wurden schneller und die Reise kürzer.

Zugleich wurden die Schiffe immer größer. 1874 baute Cunard die *Bothnia* mit 4.555 Tonnen, 1884 die *Umbria* mit 7.718 Tonnen und neun Jahre später die *Campania* mit 12.950 Tonnen. White Star nahm 1890 die *Teutonic* und die *Majestic* mit jeweils 9.686 Tonnen und 1899 die *Oceanic* mit einer Länge von 209 Metern und einem Gewicht von 17.274 Tonnen in Betrieb. Vor seinem Tod hatte Thomas Ismay vier große, komfortable Passagierdampfer für White Star geplant. J. Bruce Ismay setzte die Pläne seines Vaters mit der *Celtic* (1901), der *Cedric* (1903), der *Baltic* (1904) und der gewaltigen *Adriatic* (1907) um, die 216 Meter lang war und 25.541 Tonnen wog. Hoch subventioniert von der britischen Regierung, die über das Vordringen der mächtigen deutschen Linienschiffe beunruhigt war, konnte Cunards zwei prächtige, neue Schiffe zu bauen, die, wie die Regierung hoffte, im Kriegsfalle von unschätzbarem Wert sein würde. Die *Lusitania* und die *Mauretania*, die 1907 vom Stapel liefen, waren größer und schneller als alle anderen Schiffe. Außerdem hatten sie einen neuen Antrieb, die Dampfturbine. Sparsamer und stärker als der herkömmliche Kolbenmotor, war sie ein großer Erfolg. White Star wußte, daß nur eine schnelle Antwort darauf die Linie retten konnte.

Ein großartiger Entwurf

Zu dieser Zeit betrieb White Star mit der *Teutonic*, der *Oceanic* und der *Adriatic* einen Linienverkehr von Southampton nach New York; doch konnten diese nicht mit Cunards Schiffen mithalten, die eine Durchschnittsgeschwindigkeit von 26 Knoten erreichten. Die *Teutonic* war mit 21 Knoten das schnellste Schiff von White Star. Wollte man ein Schiff schneller machen, mußte man den Passagier- und Frachtraum reduzieren, was unprofitabel gewesen wäre. White Star entschied sich für den Bau einer Flotte riesiger Linienschiffe, die mit komfortablen Kabinen und luxuriöser Ausstattung für reiche Passagiere unwiderstehlich sein sollten. Das Service sollte nicht nur in der ersten Klasse dem eines Fünfsternhotels entsprechen, auch Passagiere im Zwischendeck sollten bequemer reisen als auf anderen Transatlantikschiffen. Und so setzten sich Lord Pirrie und J. Bruce Ismay an jenem Abend des Jahres 1907 zu Kaffee und Zigarren zusammen, um drei große Passagierdampfer mit amerikanischem Kapital zu planen. Mit 259 Metern wären sie 30 Meter länger als Cunards Schiffe, und mit 46.000 Tonnen um 15.000 Tonnen schwerer. Sie sollten den Transatlantikverkehr revolutionieren. Der Schwerpunkt würde auf Eleganz und Sicherheit liegen, worauf White Star mit Recht stolz war: Zwischen 1902 und 1912 beförderte die Linie 2.179.594 Passagiere, von denen nur zwei ums Leben kamen.

Pirries hochtrabende Pläne hatten nur einen Fehler: Kein Dock und keine Werft waren groß genug für den Bau der Schiffe. Pirrie ließ sich davon aber nicht abschrecken und ließ bei Harland & Wolff zwei speziell verstärkte Hellingen bauen. Inzwischen ging ein Technikerteam unter der Leitung von Lord Pirries Schwager Alexander Carlisle an den Entwurf der Schiffe. Carlisle, der Geschäftsführer von Harland & Wolff, vergrößerte den Rumpf, den er für die zweite *Oceanic* entworfen hatte. Er war auch für das Schiffsinnere und die Sicherheitseinrichtungen verantwortlich. Als er 1910 in den Ruhestand trat, folgte ihm Pirries Neffe Thomas Andrews nach.

Die Pläne wurden der Geschäftsführung von White Star am 29. Juli 1908 vorgelegt. Bruce Ismay segnete sie ab, ein Vertrag für den Bau der ersten beiden Schiffe wurde unterzeichnet. Am 16. Dezember 1908 wurde an der Helling Nummer 2 bei Harland & Wolff Kiel 400 gelegt, dem der *Olympic*. Kiel 401 der zukünftigen *Titanic* wurde am 31. März 1909 an der Helling 3 in Angriff genommen.

Als Schwesterschiffe hatten die *Olympic* und die *Titanic* denselben Grundaufbau. Jeder der beiden Dampfer hatte drei Schiffsschrauben, vier riesige Schornsteine, zwei Garnituren von Vier-Zylinder-Kolbendampfmaschine, von denen jede eine Schiffsschraube bewegte, und eine 420-Tonnen-Tiefdruck-Turbine, die die mittlere Schraube mit

ALEXANDER CARLISLE
Er stand dem Team vor, das die drei großen Linienschiffe von White Star entwarf.

TECHNISCHE DATEN DER *TITANIC*

Gesamtlänge: 270 m

Breite: 28 m

Seitenhöhe: 18 m

Gesamthöhe vom Kiel zur Steuerbrücke: 32 m

Bruttoregistertonnen: 46.328

Verdrängungstonnen: 66.000

Decks: 10

Kessel: 29

Flammrohre: 159

Maschinenanlage: 2 Kolbendampfmaschinen

1 Niederdruckdampfturbine

Gesamtleistung: 46.000 PS

Marschgeschwindigkeit: 21 Knoten

Höchstgeschwindigkeit: 24 bis 25 Knoten

Maximale Passagier- und Besatzungskapazität: 3.547

Rettungsboote: 20 (mit 1.176 Plätzen)

Erstes Kapitel

IM SCHATTEN DER GIGANTEN
Während des Baus ragten die Schiffe von White Star 30 Meter über Belfast empor.

Dampf aus den Hauptaggregaten antrieb. Die beiden äußeren Schrauben hatten jeweils drei Blätter, die mittlere vier. Die Hauptaggregate hatten je 15.000 PS, die Turbine weitere 16.000. Dieser zusätzliche Antrieb ermöglichte eine Höchstgeschwindigkeit von 24 bis 25 Knoten. Der Dampf kam aus 29 Hauptkesseln (24 Doppelendern und fünf Einendern), die sich in sechs Kesselräumen befanden, wobei jede wasserdichte Kesselabteilung eine eigene Pumpvorrichtung hatte. Die doppelendigen Kessel waren sechs Meter lang, hatten einen Durchmesser von fast fünf Metern und verfügten über sechs Flammrohre. Die einendigen Kessel waren gleich dick, jedoch nur 3,5 Meter lang und mit nur drei Flammrohren versehen. Insgesamt gab es 159 Flammrohre, beheizt mit Kohle aus verschiedenen Bunkern mit einer Gesamtladekapazität von mehr als 8.000 Tonnen. Fast der gesamte Raum unter dem E-Deck wurde von der Dampfanlage, den Kohlebunkern und der Schiffsschraubenmaschinerie ausgefüllt. Die Bunker waren so angelegt, daß die Kohle möglichst nahe beim jeweiligen Kessel lag. Von den vier Schornsteinen dienten die ersten drei der Abgasentsorgung der Kesselräume und der vierte der Entlüftung.

Als schnelles und einfaches Kommunikationssystem unter den Decks diente ein System beleuchteter Telegraphen, die den Maschinistenstand mit den diversen Kesselräumen verband.

Stabil und wasserdicht

Das Gerüst des Schiffes bestand aus einer Reihe vertikaler Träger, die von vorne bis achtern einen Meter voneinander entfernt lagen und von Balken, Trägern und Säulen durchlaufen waren. Die Zwischenräume waren am Bug auf etwa 60, am Heck auf 68 Zentimeter reduziert. Beide Schiffe hatten als Sicherheitsvorkehrung einen Doppelboden. Die äußere Wand bestand aus zentimeterdicken Stahlplatten und sicherte die innere, etwas dünnere Wand. Man glaubte, daß so kein Wasser eindringen könne, sollte die äußere Wand beschädigt werden. Dieser doppelte Boden war so hoch, daß ein Mann aufrecht darin stehen konnte. Eine halbe Million hydraulisch geschlagener Nieten mit einem Gesamtgewicht von 270 Tonnen wurde allein für die Unterseite der *Titanic* verwendet, insgesamt wurden auf dem ganzen Schiff drei Millionen gesetzt. Beim Vernieten wurden keine Kosten gescheut. Die Bodenplanken wurden doppelt vernietet, die Oberplanken drei- oder vierfach. Den Boden bildeten vierfach vernietete, überlappende Planken und Panzerplatten.

Um das Rollen bei schwerer See zu dämpfen, brachte man mittschiffs 90 Meter lange Kimmkiele auf beiden Seiten des Bodens an. Die Darlington Forge Company fertigte spezielle Gußstücke aus Stahl zum Abstützen des Hecks, der drei Schrauben und des Stahlgußruders an. Die sechs Teilstücke des 24 Meter hohen und 4,5 Meter breiten Ruders wogen zusammen mehr als 101 Tonnen.

Die Balken von Brücke, Unterstand, Salon und Oberdeck mittschiffs wurden von vier länglichen Trägern abgestützt, die wiederum von stabilen, runden, etwa drei Meter voneinander entfernten Säulen getragen wurden. Die beiden Decks, die die Oberstruktur des Schiffes und die Brücke bildeten, waren äußerst stabil konstruiert. An den Seiten wurden sie in größeren Abständen von eingebauten Trägern und den Rumpfträgern abgestützt. Die Deckhäuser hatten spezielle U-Träger. An manchen Stellen, besonders bei den Passagierkabinen, wurden solide Stützen eingefügt, um das Schiff bei schwerer See zu stabilisieren.

Besonders wichtig und arbeitsintensiv war es, die *Titanic* wasserdicht zu machen. Neben dem doppelten Boden verfügte sie über 16, durch 15 wasserdichte Schotte entlang des Rumpfes gebildete, wasserdichte Abteilungen. Sechs davon reichten bis zum D-Deck, acht zum E-Deck und eines zum F-Deck. Jedes Schott hatte eine automatische, wasserdichte Türe. Sie wurde von einer Reibungskupplung offen gehalten, die durch einen Magneten von der Kommandobrücke aus gesteuert wurde. Im Notfall konnte der Kapitän durch Umlegen des Schalters alle Türen schließen. Als zusätzliche Sicherheitsvorkehrung gab es noch Flöße unter dem Boden. Bei Wassereintritt würden sich die Flöße automatisch anheben und die Tür der betreffenden Abteilung auf diese Art schließen. Es hieß auch, daß zwei überflutete Abteilungen das Schiff nicht zum Sinken bringen konnten, und da Schlimmeres kaum vorstellbar war, galt die *Titanic* als unsinkbar.

Die Aura der Unbesiegbarkeit

Zeitungsartikel anläßlich der Präsentation im Jahre 1911 betonten diese. Das angesehene Blatt *The Shipbuilder* brachte eine Sonderausgabe heraus, in der es die wasserdichten Abteilungen und elektrisch gesteuerten Türen beschrieb: „Bei einem Unfall oder einem sonstigen Notfall kann der Kapitän einfach einen elektrischen Schalter umlegen und so alle Türen auf dem Schiff schließen, wodurch es praktisch unsinkbar wird."

Die Aura der Unbesiegbarkeit war geboren. Was Beobachtern in ihrer Begeisterung über die Schönheit der *Titanic* jedoch entging, war die Tatsache, daß sich ihre Schotte lediglich drei Meter über der Wasserlinie befanden, verglichen mit neun Metern bei Brunels *Great Eastern*. Letzterer schlug 1862 ein Felsen ein 25 Meter langes und fast drei Meter breites Leck in die Außenwand, doch sie sank nicht. Für die *Titanic* aber hätte ein ähnlicher Schaden das Verderben bedeutet. Das System von elektrisch gesteuerten, wasserdichten Türen war nicht so gut, wie man glaubte. In Wahrheit wurden nur zwölf Türen im untersten Teil der *Titanic* automatisch

Erstes Kapitel

DIE ENERGIE NUTZBAR MACHEN
Jeder der Hauptmotoren der Titanic hatte eine Leistung von 15.000 PS.

kontrolliert, der Großteil mußte von Hand geschlossen werden. Wenn auch die Erbauer und Besitzer der *Titanic* vielleicht glaubten, ein unsinkbares Schiff gebaut zu haben, so ist es doch interessant, daß sie es vor ihrer schicksalhaften Jungfernfahrt niemals als solches bezeichneten.

The Shipbuilder war von den Sicherheitseinrichtungen beeindruckt: „In jedem Kesselraum, Maschinenraum oder jeder anderen wasserdichten Abteilung befindet sich eine Notleiter, so daß die darin arbeitenden Männer durch das Schließen der Türen nicht eingeschlossen werden. Dieses Risiko wird auch durch elektrische Glocken neben den Türen verringert, die das Schließen derselben durch akustische Signale anzeigen und dadurch die Arbeiter warnen."

„Das Nervensystem des Schiffes"
Verglichen mit anderen Schiffen dieser Zeit hatte die *Titanic* ein ausgedehntes elektrisches Netz, damals ein Luxus. Vier dampfbetriebene 400 Kilowatt-Generatoren mit Dynamos produzierten Strom für die 150 elektrischen Motoren an Bord (76 davon trieben die Belüftung an), Hunderte Kilometer an Kabeln und Drähten versorgten das interne Telefonsystem mit seinen 50 Leitungen, die 10.000 Glühbirnen, 48 Uhren und 1.500 Klingeln, mit denen die Stewards gerufen wurden. Der Hauptgenerator produzierte insgesamt 16.000 Ampère bei 100 Volt, was mehr war als die Energieproduktion vieler größerer Städte.

The Shipbuilder schwärmte: „Elektrizität wird, wie sich wohl von selbst versteht, auf der *Olympic* und der *Titanic* in allen Bereichen eingesetzt. Strom wird nicht nur für die Beleuchtung benötigt, sondern auch für die Deckkräne und die Güter-, Boots-, und Maschinenwinden verwendet; Passagierlifte; Lade-, Post- und Speiselifte; Belüftungs- und Kühlventilatoren; Kabinenventilatoren; Motoren für die Zylinderhebevorrichtung; Turbinendrehungs- und

Hebevorrichtung sowie Kondensorkeilschieber; Reparaturwerkzeuge; Funkapparat; Gymnastikgeräte; Küchengeräte, wie etwa Eismaschine, Teigmixer, Kartoffelschäler, Bratöfen, Messerputzer, Fleischwölfe, Tellerwärmer und Bügeleisen; elektrische Heizer; elektrische Bäder; Hauptdampfpfeifen; Peilmaschinen; Temparaturanzeiger; Kesseltelegraphen; Uhren; wasserdichte Türen; Ruderanzeiger; beleuchtete Bilder; Glocken und akustische Signale; Lautsprecher und Telephone; U-Bootsignale und drahtlose Telegraphie. Das elektrische Netz kann somit getrost das Nervensystem des Schiffes genannt werden."

Es gab 520 elektrische Heizgeräte, und die Kabinen der ersten Klasse waren mit Steckdosen für tragbare Lampen und Ventilatoren ausgerüstet. *The Shipbuilder* berichtete: „Es gibt auch spezielle, abblendbare Lampen mit zwei Glühfäden, so daß die ganze Nacht über ein schwaches Licht brennen kann, eine Einrichtung, die besonders nervösen Passagieren gute Dienste leisten wird." Weiter liest man: „Notlampen, die ihre Energie von eigenen Dynamos beziehen, werden in allen Gängen, Gemeinschaftsräumen und Abteilungen im ganzen Schiff, an Stellen, wo sich Passagiere und Besatzungsmitglieder sammeln würden, für den unwahrscheinlichen Fall angebracht, daß die Beleuchtung ausfällt; auf diese Weise gäbe es immer noch genug Licht, um in der Nacht von einem Ende des Schiffes zum anderen zu gelangen."

Verschiedene beleuchtete Wegweiser waren in den Kabinendecks der ersten und zweiten Klasse angebracht, damit die Passagiere leicht zu den Hauptausgängen und Gemeinschaftsräumen gelangen konnten. Die Marconi-Funkeinrichtung für Telegraphie war eine weitere wichtige Sicherheitseinrichtung. Sie verfügte über eine Reichweite von zumindest 560 Kilometern. Sie befand sich im Funkhaus auf dem Bootsdeck, verbunden mit einer Antenne, die in 60 Meter Höhe zwischen den Masten eine doppelte Schleife bildete. Für Notfälle gab es drei separate Energiequellen: die elektrische Lichtmaschine im Maschinenraum, eine weitere Maschine, die sich an einer anderen Stelle befand (sollte der Maschinenraum überflutet werden), und eine Ladebatterie im Betriebsraum.

Das Schiff hatte acht elektrische Ladekräne, sechs mit einer Tragkraft von je 2,5 Tonnen und zwei mit einer Kapazität von je 1,5 Tonnen, vier elektrische Ladewinden mit einer Tragkraft von drei Tonnen und vier 15 Zentner schwere Bootswinden.

SICHERHEITSVORKEHRUNGEN
White Star war stolz auf die Sicherheitseinrichtungen der Titanic, *darunter auch das neueste Funkgerät.*

Erstes Kapitel

Niemand sah vorher, daß ein Eisberg „die Titanic aufschlitzen könnte wie ein verdammt großer Dosenöffner".

☆

Kühlausrüstung

Die Kühlgeräte waren ebenfalls modern und wurden von zwei Kühlturbinen im linken Maschinenraum angetrieben. Die geräumigen Vorratskammern hatten separate Kühlbereiche für Rind, Lamm, Geflügel und Wild, Fisch, Gemüse, Obst, Milch und Butter, Schinken und Käse, Blumen, Mineralwasser, Weine und Schnäpse und für Champagner, was angesichts der Passagiere, die man anzuziehen hoffte, vielleicht am wichtigsten war. Neben diesen Vorratsräumen befand sich eine riesige isolierte Kammer für den Transport verderblicher Fracht. Weiters gab es Kühlfächer in den Bars und Speisekammern sowie Maschinen zur Herstellung von Eis und zur Kühlung des Trinkwassers verschiedenerorts in der ersten, zweiten und dritten Klasse des Schiffes.

Die Signalhörner wurden auch elektrisch betrieben und waren die größten ihrer Zeit. Für das Signal mußte der Offizier nur einen Schalter auf der Brücke betätigen. Die automatische, elektrische Intervallschaltung konnte bei dichtem Nebel automatisch jede Minute acht bis zehn Sekunden lange Signale abgeben.

Riesiger Anker

Die *Titanic* brauchte natürlich einen speziellen Anker zum Anlegen. Normalerweise gab es zwei Buganker; den Konstrukteuren war aber klar, daß die *Olympic* und die *Titanic* so groß waren, daß sie einen dritten, zusätzlichen Buganker benötigten. Dieser Anker wog 15,5 Tonnen, und man benötigte für den Transport 20 Pferde. Die Seitenanker waren halb so schwer. Die Ketten, die bei den Seitenankern verwendet wurden, wogen 96 Tonnen.

Warnungen ignoriert

Die *Olympic* und die *Titanic* galten als Meisterwerke des Schiffsbaus. *The Shipbuilder* meinte, daß „Planung und Bau dieser beiden prächtigen Schiffe unmöglich gewesen wären, hätte man nicht aus der großen Erfahrung gelernt, die man bei früheren Versuchen während der letzten 50 Jahre angesammelt hatte."

Es scheint, daß die Planer keine Lehren aus früheren Fehlschlägen gezogen hatten. 1879 geriet die *Arizona* der Guion Line vor den Grand Banks Neufundlands in dichten Nebel. Bei extrem schlechter Sicht rammte sie einen knapp 20 Meter hohen Eisberg. Obwohl dabei ihr Bug zerquetscht wurde, konnte sie noch mit dem Heck voraus bis St. John's fahren. Der Kollisionsschott, der vorne angebracht war, hatte sie vor dem Sinken bewahrt. Sieben Jahre später wurde Cunards Schiff *Oregon* vor Fire Island mittschiffs von einem Schoner gerammt. Die 824 Passagiere und Besatzungsmitglieder wurden von einem anderen Schiff gerettet, die *Oregon* aber sank.

Die Planer der *Titanic* legten zu wenig Wert auf den Schutz der verwundbarsten Schiffsteile, nämlich der Flanken. Sie vertrauten wahrscheinlich zu sehr auf

DIE *ARIZONA*
Dieses Schiff rammte einen Eisberg und sank nicht, was den Konstrukteuren der großen Kreuzer von White Star wohl falsche Zuversicht gab.

das Glück, das die *Arizona* hatte, und konzentrierten ihre Anstrengungen auf die Querschotte. Sie prahlten mit der Unsinkbarkeit, selbst im Falle einer Überflutung der beiden angeblich wasserdichten Abteilungen. Niemand sah vorher, daß mehr als zwei überflutet werden könnten, oder daß ein Eisberg (in den Worten eines Schiffexperten) „die *Titanic* aufschlitzen könnte wie ein verdammt großer Dosenöffner". Auch wurde nicht bedacht, daß das Wasser eine Abteilung überfluten und in die daneben liegende Kammer schwappen kann, wenn die Schotte nicht zu einem höheren Deck hinaufreichen, wie es die Bestimmungen heute vorsehen.

Die Riesen entstehen

Inzwischen gingen die Arbeiten weiter, trotz der Bedenken der katholischen Arbeiter wegen der papstfeindlichen Assoziationen bei der Rumpfnummer (siehe Seite 8). Die Geschäftsführung von Harland & Wolff versicherte einer Delegation der Arbeiter, daß die Nummer nur ein Zufall wäre. Viele hielten es für ein schlechtes Omen.

Auch gab es Gerüchte, wonach durch den schnellen Bau ein paar Arbeiter im Rumpf der *Titanic* eingeschlossen wurden. Trotz dieser abergläubischen Vorhersagen verlief der Bau ohne besondere Vorkommnisse. Laut den Aufzeichnungen wurden in der Zeit zwischen der Kiellegung und dem Stapellauf zwei Arbeiter getötet, wesentlich weniger, als die ungeschriebene Regel der Werften von „einem Toten pro 100.000 Pfund Kosten" besagte.

Die Bevölkerung von Belfast gewöhnte sich an die Gerüste der beiden Giganten, die 30 Meter über die Werft von Harland & Wolff emporragten. Der

Stapellauf der *Olympic* am 20. Oktober 1910 in den River Lagan erregte großes Interesse. Neben Lord Pirrie, der die Zeremonie beaufsichtigte, wohnten auch der Lord Lieutenant von Irland, die Gräfin von Aberdeen und zahlreiche Würdenträger dem Ereignis bei. Als die *Olympic* anfuhr, trieb sie ein plötzlicher Windstoß gegen ein Trockendock, und sie erlitt einige Dellen in der Außenplatte. Das war eine klare Warnung vor den Gefahren, die lauern, wenn man das größte Schiff der Welt auf so begrenztem Raum manövrieren läßt. Während die *Olympic* zur Fertigstellung in das Trockendock zurückkehrte, gingen die Arbeiten an ihrem Schwesterschiff weiter. Ein Großteil der Schwerarbeit an beiden Schiffen wurde von einem schwimmenden, 200 Tonnen schweren Kran verrichtet, damals einem der größten Kräne der Welt. Da er 150 Tonnen bei einem Radius von 30 Metern auf eine Höhe von 45 Metern heben konnte und sich dabei nur um vier Grad neigte, war er ideal zum Einfügen von schweren Gegenständen, wie etwa den Kesseln.

Veraltete Rettungsbestimmungen

Der Mangel an Rettungsbooten war einer der umstrittensten Punkte nach der Katastrophe der *Titanic*. Die hoffnungslos veralteten Bestimmungen des britischen Handelsministeriums waren seit 1894 nicht mehr novelliert worden, als Cunards 12.950 Tonnen schweres Schiff *Campania* das größte der Welt war. Die enormen Veränderungen der Schiffsgrößen waren unberücksichtigt geblieben. Laut geltenden Bestimmungen mußte ein britisches Schiff mit über 10.000 Tonnen 16 Rettungsboote mit einer Kapazität von 154 Kubikmetern mitführen sowie Schwimmplattformen und Flöße mit einem Fassungsvermögen von 75 Prozent der Rettungsboote. Ein Schiff mit 46.000 Tonnen wie die *Titanic* mußte also laut Gesetz nicht mehr Rettungsboote mitführen als ein Schiff mit 10.000 Tonnen, auch wenn weit mehr Menschen an Bord waren. Die *Titanic* mußte also nur Rettungsboote für 962 Menschen mitführen, obwohl sie 3.547 Personen transportieren konnte. Während der Planung wurde vier bis fünf Stunden über Dekor und Ausstattung

gesprochen, aber lediglich zehn Minuten über die Zahl der Rettungsboote. Alexander Carlisle hatte, zu seiner Ehrenrettung, Bedenken wegen dieser Bestimmungen. Die Gesetze in Deutschland und den USA sahen bereits höhere Kapazitäten an Rettungsbooten vor als die in Großbritannien, und Carlisles wollte ursprünglich 64 Boote – genug, um alle Menschen an Bord aufzunehmen. Im Laufe der Gespräche mußte Carlisle diese Zahl zuerst auf 40, dann auf 32 und schließlich auf 16 neun Meter lange Boote sowie vier Englehardt-Faltboote verringern. Die Geldgeber wollten augenscheinlich lieber ausladende Promenaden anlegen. Diese falschen Prioritäten sollten ein Optimum an luxuriöser Schiffahrt garantieren.

Die 16 Rettungsboote mit einer Kapazität von 980 Passagieren erfüllten die gesetzlichen Bestimmungen bei weitem. White Star war außerdem stolz darauf, daß die Konstrukteure noch vier Faltboote für 196 Personen hinzufügten, so daß insgesamt 1.176 Menschen Platz fanden, weit mehr, als die Gesetze vorschrieben. Tatsächlich entsprach das 53 Prozent der Passagiere zum Unglückszeitpunkt, bzw. 30 Prozent der Gesamtkapazität.

Mit jedem Paar händisch betriebener Welin-Davits konnten je drei Boote zu Wasser gelassen werden, doch hätte man die Kapazität auf vier erhöhen können. Auf jeder Seite des Schiffes befanden sich acht Davit-Paare, wobei auf beiden Seiten das vorderste permanent ausgefahren war und ein Notboot, das auch als Rettungsboot diente, trug. Die Notboote A und B befanden sich auf beiden Seiten des Daches des Offiziershauses, C und D waren am vorderen Endes der Offizierspromenade auf beiden Seiten des Bootsdecks untergebracht. Sie hatten einen flachen Holzboden und Seitenwände aus Segeltuch. Paradoxerweise war die Londoner Firma Welin Davit and Engineering Co Ltd äußerst stolz darauf, die *Titanic* beliefert zu haben, und warb damit.

Die *Olympic* wurde Ende Mai 1911, nur sieben Monate nach ihrem Stapellauf, fertiggestellt. Das war eine beachtliche Leistung, wenn man bedenkt, daß man bei Harland & Wolff gleichzeitig an zwei

Das größte Schiff der Welt

ABLASSEN DER RETTUNGSBOOTE
Die Welin-Davits der **Titanic** *konnten nacheinander drei Boote herablassen. Ursprünglich waren genug Rettungsboote für alle Passagiere an Bord vorgesehen gewesen. Bei ihrer Inbetriebnahme gab es auf der* **Titanic** *jedoch nur Kapazität für jeden dritten.*

anderen Tendern für White Star arbeitete (der *Nomadic* und der *Traffic*). Diese sollten in Cherbourg, beim Passagierdampfer *Maloja* von P&O (dem größten Schiff dieser Flotte), dem Dampfer *Demosthenes* von Aberdeen sowie dem mittelgroßen Linienschiff *Galway Castle* von Union-Castle verwendet werden. Zudem bereitete man den Stapellauf der *Titanic* vor. Von den rund 14.000 Arbeitern der Werft waren bis zu 4.000 mit der *Titanic* beschäftigt. Das Gerüst der *Titanic* wurde am 6. April 1910, ein Jahr nach der Kiellegung, fertiggestellt. Am 19. Oktober 1910 waren die Auflagearbeiten vollendet.

Erstes Kapitel

Am 2. Mai 1911 begannen die Testläufe der *Olympic* im Probebecken, bei denen erstmals ihre mächtigen Maschinen eingeschaltet wurden. Sollte es bei Harland & Wolff Befürchtungen gegeben haben, so zerstreuten sich diese angesichts der erfolgreich verlaufenden Tests schnell wieder. Einige Wochen später, vor den Probeläufen im Meer, wurde die *Olympic* fünf Stunden lang der Öffentlichkeit zugänglich gemacht. Tausende Menschen zahlten fünf Shilling – für viele ein Tageslohn (der Wochenlohn eines Harland & Wolff-Arbeiters war 2 Pfund für eine 49-Stunden-Woche) – um sich das prachtvolle Schiff anzusehen; am Nachmittag wurde der Eintrittspreis auf zwei Shilling reduziert. Die Einkünfte dienten einem guten Zweck und gingen an Belfaster Spitäler. Am Morgen des 29. Mai 1911 begann für die *Olympic*, angetrieben von 3.000 Tonnen bester britischer Kohle und gezogen von fünf Schleppern, ein zweitägiger Probelauf im Belfast Lough. Sie wurde von den beiden neuen Tendern von White Star, der *Nomadic* und der *Traffic,* begleitet. Obwohl die Testergebnisse nicht veröffentlicht wurden, gab es doch vorsichtige Berichte in Fachzeitschriften, wonach sie die vorgesehene Geschwindigkeit von 21 Knoten um einen dreiviertel Knoten überschritten habe. Das Handelsministerium war zufrieden, und der diensthabende Beamte in Belfast, Francis Carruthers, stellte umgehend ein Seetauglichkeitszeugnis für ein Jahr aus. Die *RMS Olympic* konnte nun den Betrieb aufnehmen.

Am 31. Mai 1911, als die *Olympic* ihre Seetests absolvierte, warteten Menschenmassen auf den Stapellauf der *Titanic*. Es war ein sonniger, warmer Tag, und schon am frühen Morgen hatten sich entlang des River Lagan Werftarbeiter und ihre Familien eingefunden, um einen guten Standplatz zu ergattern. Viele kletterten dazu auf Mauern, Kohlen- oder Holzstöße. Wichtig war, gut sehen zu können, denn wenn auch an diesem Tag bei Harland & Wolff nicht gearbeitet wurde, es gab auch keine Bezahlung. Aus Anlaß des Stapellaufes hatte White Star zahlreiche Journalisten und Würdenträger eingeladen, die auf dem eigens gecharterten Dampfer *Duke of Argyll* von Fleetwood, Lancashire, über die Irische See nach Belfast gebracht wurden. Für die geladenen Gäste waren drei Tribünen errichtet worden. Einen bevorzugten Platz erhielt auch J. Pierpont Morgan, der eigentliche Besitzer der *Titanic*, der zu diesem Anlaß aus den USA angereist kam. Als sich die *Duke of Argyll* gegen 7.30 Uhr Belfast näherte, bot sich den Passagieren ein prächtiger Blick auf das Schwesterschiff der *Titanic*, das im Lough lag.

Die Stadt war geschäftig wie ein Bienenstock. Eine Fähre bot für zwei Shilling eine Tour rund um die *Olympic* im Belfast Lough an und versprach, die Passagiere rechtzeitig zum Stapellauf der *Titanic* wieder zurückzubringen. Die Hafenbehörde sperrte den Teil des Albert Kais mit dem besten Blick auf den Stapellauf ab und verlangte ein paar Shilling Eintritt. Alle Einkünfte gingen an örtliche Krankenhäuser. Gegen elf Uhr ratterten Sonderwagen der Straßenbahn die Corporation Street zum Wasser hinunter, kurz darauf fuhr der Dampfzug *Slieve Bearnagh* mit einer weiteren Ladung Schaulustiger von der Queen's Bridge Mole ab. Zur Stunde des Stapellaufes waren die mit Fahnen verzierten Tribünen restlos überfüllt und die Ufer des Lagan voller Menschen. Laut Schätzungen waren mehr als 100.000 Personen anwesend, etwa ein Drittel der Belfaster Bevölkerung. Niemals zuvor hatte man hier so etwas gesehen.

„Da kommt sie!"

Kurz vor Mittag empfing Lord Pirrie seine vornehmen Gäste in den Hauptbüros der Werft an der Queen's Road. Pünktlich um zwölf Uhr führte er sie zu den Schautribünen, die einen wunderbaren Ausblick auf Helling drei boten, wo der frisch gestrichene schwarze Rumpf der *Titanic* in vollem Glanz erstrahlte. Über ihr flatterten drei Fahnen: die amerikanische, die britische und, in der Mitte, der große rote Firmenwimpel mit seinem fünfzackigen, weißen Stern. Darunter waren Signalflaggen aufgehängt, auf denen GOOD LUCK (Viel Glück) zu lesen war. Um einen reibungslosen Stapellauf zu garantieren, war die Ablaufbahn mit einer zwei

Das größte Schiff der Welt

Zentimeter dicken Schicht von insgesamt 22 Tonnen Schmiere bestrichen worden.

Lord Pirrie, mit kecker Seglermütze, inspizierte zum letzten Mal die Laufeinrichtungen. Nicht nur sein letzter Riesendampfer sollte vom Stapel gehen, es war sowohl sein als auch Lady Pirries Geburtstag. Um 12.05 Uhr wurde auf dem Achtermast der *Titanic* eine rote Signalflagge gehißt, damit Schlepper und andere kleine Schiffe den Weg freimachten. Um 12.10 Uhr wurde eine rote Rakete abgefeuert. Das war das Fünf-Minuten-Signal. Um 12.14 Uhr fuhr eine weitere Rakete in den blauen Himmel. Die riesige Menge beobachtete erwartungsvoll, wie Lord Pirrie dem Vorarbeiter seine Instruktionen erteilte. Als die letzte Holzstütze entfernt worden war, stand das Schiff noch eine kleine Ewigkeit still, bevor lautes Jubeln, gefolgt von dem Ausruf „Da kommt sie!" zu hören waren. Die Schmiere hatte ihre Aufgabe erfüllt, und die *Titanic* glitt um 12.15:02 Uhr langsam ins Wasser. Es hatte keine offizielle Benennung des Schiffes, keine Champagnertaufe gegeben. Ein Werftarbeiter erklärte einem neugierigen Besucher die Philosophie von White Star: „Sie bauen's einfach und schieben's rein".

Das Schiff erreichte eine Geschwindigkeit von zwölf Knoten, bevor der Rumpf von speziellen Ankern, die im Flußbett befestigt waren, gestoppt und festgehalten wurde. Diese Anker waren durch über 15 Zentimeter dicke Stahldrahttrossen mit den Rumpfplatten verbunden. Nachdem die Menschen den Anblick genossen hatten, wurde der Rumpf von den Ankern befreit und von fünf Liverpooler Schleppern zu seinem Liegeplatz gebracht.

Die *Olympic* geht in Betrieb

Lord und Lady Pirrie luden einige auserwählte Gäste zum Lunch in den Sitzungssaal von Harland & Wolff.

Weniger erlesene Gäste (Hafenbeamte, Techniker und Schiffsarchitekten) und die 90 Journalisten bekamen im Belfaster Grand Central Hotel Filet de Boeuf mit einem Chateau Larose 1888 serviert und wurden von Vertretern von Harland & Wolff und White Star über das Schiff informiert. Um 14.30 Uhr brachte der Tender *Nomadic* eine Schar auserwählter Gäste (Vertreter der Besitzer und Konstrukteure) zur *Olympic*. Darunter befanden sich auch die großen Drei – J. Pierpont Morgan, J. Bruce Ismay und Lord Pirrie. Um etwa 16.30 Uhr machte sich die *Olympic* mit ihren Passagieren auf den Weg nach Liverpool, ihrem offiziellen Heimathafen und Sitz von White Star. Sie kam dort am folgenden Tag an und wurde, auf Ismays Wunsch, abermals der Öffentlichkeit zugänglich gemacht, bevor sie zu ihrer Jungfernfahrt von Southampton via Cherbourg und Queenstown (heute Cóbh) an der Südküste Irlands nach New York aufbrach.

Kapitän Edward John Smith

Die *Olympic* verließ Southampton vollbesetzt am 14. Juni. Es gab keine besonderen Vorkommnisse auf der siebentägigen Reise, abgesehen von einer kleinen Schramme bei der Ankunft in New York, als sie den Schlepper *O. L. Hallenbeck* fast versenkte. Der Kapitän war Edward John Smith, ein Mann mit mehr als 40jähriger Erfahrung auf See. Kräftig, sympathisch und mit grauem Bart, war er der Inbegriff eines alten Seebären. Im Laufe der Jahre hatte sich White Star einen Kundenstock aufgebaut, der den Atlantik nur auf einem Schiff unter dem Kommando von Kapitän Smith überquerte. Er begann seine Laufbahn 1869 als Matrose auf einem Klipper und kam 1880 als Vierter Offizier der *Celtic* zu White Star. 1887 wurde er zum Kapitän der *Republic* ernannt. Er kommandierte weitere 17 Schiffe von

PÜNKTLICHER START
Der Stapellauf der **Titanic** *war professionell, aber wenig feierlich. Das Schiff glitt erstmals um 12.12:02 Uhr ins Wasser.*

Erstes Kapitel

DIE OFFIZIERE DER *OLYMPIC*
Ganz rechts steht Kapitän John Smith, der später die **Titanic** *kommandieren würde. Der Mann ganz links ist Leutnant Murdoch.*

White Star, darunter 1907 auch die *Adriatic* auf deren Jungfernfahrt. Nachdem er sie sicher nach New York gebracht hatte, sagte er dort der Presse: „Wenn mich jemand bittet, meine 40 Jahre auf See kurz zu beschreiben, so würde ich nur 'ereignislos' sagen. Ich war noch nie in einen erwähnenswerten Unfall verwickelt, habe noch nie ein Wrack gesehen, bin noch nie ein Schiff gefahren, das zerstört wurde, und war noch nie in einer Zwangslage, die in einer Katastrophe hätte enden können ... Ich kann mir keine Situation vorstellen, die ein Schiff zum Sinken bringen könnte. Ich halte es für unmöglich, daß dieses Schiff ernsthaft beschädigt werden könnte. Dazu ist der moderne Schiffbau schon zu weit fortgeschritten."

Angesichts seiner bisherigen kompetenten Arbeit war es verständlich, daß Kapitän Smith das Kommando über die *Olympic* übertragen wurde. Der Vorfall in New York wurde als kleiner Kratzer abgetan, obwohl der Eigentümer des Schleppers White Star auf 10.000 Dollar verklagte, was White Star mit einer Gegenklage beantwortete. Schließlich wurden beide Fälle aus Mangel an Beweisen geschlossen.

Im Sommer und Herbst des Jahres 1911 schritten die Arbeiten an der Ausstattung der *Titanic* voran, und das Schiff nahm langsam Gestalt an. Die elektrischen Kabel und die Luftschächte wurden verlegt, die Deckhäuser fertiggestellt und die Fliesen im Swimmingpool gelegt. Am 18. September verkündete White Star das Datum für die Jungfernfahrt der *Titanic*: den 20. März 1912. Innerhalb von zwei Tagen mußten diese Pläne aber wieder geändert werden, denn Kapitän Smiths Glückssträhne war zu Ende gegangen.

Kollision im Solent

Am 20. September setzte die *Olympic* Segel für ihre fünfte Fahrt von Southampton nach New York. Sie stand unter dem Kommando von Kapitän Smith, und sein Lotse war der erfahrene George Bowyer. Kurz nach Mittag näherte sie sich dem Spitheadkanal nahe der Isle of Wight. Etwa zur gleichen Zeit fuhr der bewaffnete Kreuzer *HMS Hawke* mit einer Geschwindigkeit von 15 Knoten auf dem Solentkanal nach einigen routinemäßigen Maschinentests Richtung Portsmouth. Die beiden Schiffe fuhren also auf etwa parallelem Kurs. Die *Olympic* verlangsamte von 18 auf 11 Knoten und drehte nach zwei Signaltönen südlich der berüchtigten Bramble-Sandbank nach backbord. Mittlerweile war die *Hawke* nur mehr 200 Meter von der Steuerbordseite der *Olympic* entfernt. Als die beiden Schiffe einander schon gefährlich nahe waren, sah es so aus, als ob der Kreuzer das große Linienschiff passieren würde; als letzteres jedoch wieder schneller wurde, fiel die *Hawke* zurück. Plötzlich schwenkte der Kreuzer ohne Warnung nach backbord, direkt auf die *Olympic* zu. Später sickerte durch, daß das Rad der *Hawke* blockierte, als die Mannschaft versuchte, den falschen Kurs zu korrigieren. Ihr Schiff wurde in den Sog der schwereren *Olympic* gezogen. Um 12.46 Uhr kollidierten die beiden Schiffe. Dabei erlitt die *Hawke* schwere Schäden am Bug, doch konnte sie sich noch aus eigener Kraft nach Portsmouth schleppen. Die *Olympic* war jedoch am Heck Leck geschlagen, wodurch zwei Kammern überflutet und die Steuerbord-Schraube beschädigt wurden. Die enttäuschten Passagiere wurden von einem Tender aufgenommen, und die *Olympic* kehrte nach Southampton zurück, wo sie notdürftig geflickt wurde. Dann fuhr sie zur Reparatur nach Belfast, wo sich das einzige Dock befand, das groß genug für sie war.

Anfangs sah es so aus, als ob die Schuld bei der *Hawke* lag; die anschließenden Untersuchungen der Marine ergaben jedoch, daß die *Olympic* verantwortlich war. Auch das Gericht kam zu dem Schluß, daß die 7.500 Tonnen schwere *Hawke* durch für sie unbezwingbare hydrodynamische Kräfte zur Flanke der 45.000 Tonnen schweren *Olympic* gezogen wurde. Experten erklärten, daß durch die Wasserverdrängung des Schiffsrumpfes kleinere Schiffe in unmittelbarer Nähe des Kielwassers in den Sog gerissen werden. Das Urteil besagte schließlich, „daß die Kollision einzig und allein auf die fehlerhafte Navigation der *Olympic* zurückzuführen" war. Kapitän Smith wurde entlastet, denn schließlich war George Bowyer der Lotse; Smith wurde für seine bisher beispielhafte Karriere sogar noch belohnt, indem man ihm das Kommando über die noch größere und bessere *Titanic* versprach. Die Olympic lag sechs Wochen lang in Belfast fest, ihre Reparaturen hatten Vorrang vor den Arbeiten an der *Titanic*. Bald wurde klar, daß White Star die Jungfernfahrt der *Titanic* verschieben mußte: Das neue Datum war Mittwoch, 10. April 1912.

Von aller Welt beneidet

Während des ganzen Winters begannen die Zulieferfirmen der *Titanic* in Zeitungen und Wirtschaftszeitschriften mit ihrem berühmten Kunden zu werben. Neben der Davit-Firma waren dies Wilson's Cooking Apparatus aus Liverpool (Küchengeräte), Waygood Lifts, die Sunderland Forge and Engineering Co Ltd (Winden), Hoskins & Sewell aus Birmingham (Kojen, Bettwaren und Matratzen), Bullivant & Co Ltd aus London (Drahtseilhersteller), Allen & Simmonds Ltd aus Reading (Lieferant der Kolbenhüllen für die *Olympic* und die *Titanic*), William McGeoch & Co Ltd aus Glasgow (Spezialist für Kabinenausstattung, Schlösser, Lampen und Elektrozubehör), N. Burt & Co Ltd aus London (Türenlieferant für die *Titanic*) und die Firma Ross-Schofield Marine Boiler Circulators. Letztere verlautbarte in ihren Anzeigen: „Der neue Passagierdampfer *Titanic* von White Star, das größte Schiff der Welt, hat nur Kessel von Ross-Schofield Marine Circulators."

Vinolia Otto Badeseife verkündete, daß ihre Seife den Passagieren der ersten Klasse an Bord der *Titanic* „einen höheren Standard an Badeluxus und Hygiene auf See" garantiere. Es schien, als ob alle mit der *Titanic* in Verbindung gebracht werden wollten. Leider erschienen einige dieser Anzeigen

Erstes Kapitel

auch noch am 16. April 1912, am Tag nach der Katastrophe.

Ende Januar waren die Schornsteine schon an ihrem Platz, und alles arbeitete auf die Jungfernfahrt hin. White Star wollte mehr als eine bloße Kopie der älteren Schwester *Olympic*. Man beschloß, einige Änderungen an der *Titanic* vorzunehmen, um ihr eine eigene Identität zu verleihen. Die Neuerungen würden noch luxuriösere Passagierunterkünfte bieten.

Die wichtigste äußerliche Veränderung war eine gläserne Überdachung mit Schiebefenstern entlang der Vorderseite des Promenadendecks A, um die Passagiere vor schlechtem Wetter zu schützen. Außerdem wurden die Deckhäuser vergrößert, wodurch sich die Tonnage der *Titanic* von 45.000 auf 46.328 erhöhte. Damit war sie schwerer als die *Olympic*. Die *Titanic* war nun eine Klasse für sich.

„EIN GRÖSSERER LUXUS IM BAD"
Für viele Firmen war es das Nonplusultra, die Titanic *beliefert zu haben.*

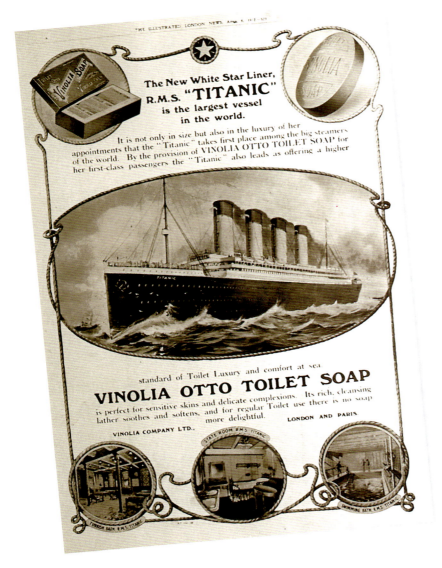

Ein enger Zeitplan

Die Seetests sollten am 1. April im Belfast Lough stattfinden, mußten jedoch wegen starken Windes verschoben werden. Der darauffolgende Tag war sonnig und klar, und Kapitän Smith ging mit 41 Offizieren und leitenden Besatzungsmitgliedern (Stewards, Köchen und Technikern) sowie 78 Heizern und Trimmern, also nicht einmal der Hälfte der Besatzung, an Bord. Lord Pirrie war aus Krankheitsgründen nicht erschienen und wurde von Thomas Andrews, der mittlerweile Geschäftsführer der Werft war, und dem leitenden Schiffsarchitekten Edward Wilding vertreten. Statt J. Bruce Ismay kam der Direktor von White Star, Harold Sanderson.

Bereits um sechs Uhr morgens, als die *Titanic* von fünf Schleppern gezogen vom Dock glitt und sich in Richtung Belfast Lough bewegte, waren zahlreiche Schaulustige am Ufer des Victoriakanals versammelt. Dort, ca. drei Kilometer von Carrickfergus entfernt, wurde der Passagierdampfer auf Herz und Nieren geprüft. Im Laufe der Ausstattungsarbeiten waren die Maschinen schon angeworfen worden, aber niemals hatten sie das Schiff bewegt. Als Dampf in die Maschinen kam und Rauch aus den Schornsteinen stieg, bewegte sich die *Titanic* zum ersten Mal aus eigener Kraft.

Die Tests dauerten zwölf Stunden und bestanden aus verschiedenen Routinemanövern, wie Stoppen, Starten und wieder Stoppen, mit sich ändernder Geschwindigkeit im Kreis fahren und schnell in Slalombewegungen abdrehen, um die Beweglichkeit des Schiffes zu prüfen. Während des Mittagessens im Speisesaal besprach Francis Carruthers vom Handelsministerium die Leistungen des Schiffes mit leitenden Offizieren und Technikern. Alle waren von dem, was sie gesehen hatten, beeindruckt.

Am Nachmittag fand der Notbremsetest statt. Bei einer Geschwindigkeit von 20 Knoten benötigte die *Titanic* 850 Meter bis zum Stillstand. Anschließend mußte sie zwei Stunden lang eine gerade Strecke befahren. Dazu steuerte die Besatzung das Schiff durch die Mündung des Loughs hinaus in die Irische See. Sie fuhr etwa 65 Kilometer nach Süden, bevor sie wieder zum Lough zurückkehrte. Während

Das größte Schiff der Welt

dieser Fahrten betrug die Durchschnittsgeschwindigkeit bescheidene 18 Knoten, kurz kam sie an 21 Knoten heran. Bei der *Titanic* ging es um Luxus, nicht um Geschwindigkeit.

Während die restliche Besatzung die Manöver kontrollierte, prüften die beiden Funker Jack Phillips und sein Assistent Harold Bride (beide Angestellte von Marconi, die an Bord jedoch Unteroffiziere waren) die Marconi-Anlage auf dem Schiff. Sie funktionierte einwandfrei.

Bei Sonnenuntergang kehrte die *Titanic* wieder ins Lough zurück. Vor der Ankunft in Belfast ordnete Carruthers einen letzten Test an: das Auswerfen und Anheben der Backbord- und Steuerbordanker. Als auch dies zu seiner Zufriedenheit geschehen war, unterzeichnete er die Passagierurkunde der *Titanic*, die für ein Jahr gültig war. Nach Übergabe der Bescheinigung durch das Handelsministerium unterschrieben auch Andrews und Sanderson die Papiere, mit denen der Konstrukteur das Schiff offiziell dem Besitzer übergab. Harland & Wolff hatten ihre Arbeit vollendet. Die *Titanic* war nun Eigentum der White Star Linie.

Man hatte gehofft, die *Titanic* in Liverpool der Öffentlichkeit präsentieren zu können, doch das schlechte Wetter, das bereits die Probefahrt verzögert hatte, machte wieder einen Strich durch die Rechnung. Der enge Zeitplan sah vor, daß die *Titanic* zur Mitternachtsflut vom 3. auf den 4. April in Southampton sein mußte. Als jene Werftarbeiter, die für die 900 Kilometer lange Fahrt nicht benötigt wurden, kurz nach 20 Uhr von Bord gegangen und frische Essensvorräte und neue Stühle für den Empfangssaal der ersten Klasse aufgenommen worden waren, verließ die *Titanic* Belfast. Ihre Lichter leuchteten hell, und alles an ihr schien Optimismus auszustrahlen, als sie in der Nacht durch das Lough zur Irischen See glitt. Sie war den Menschen von Belfast ans Herz gewachsen. Ein Wiedersehen sollte es für die meisten rund zwei Wochen später geben, wenngleich auf den Titelseiten der Weltpresse.

Als das größte Schiff der Welt majestätisch durch die Irische See zur Küste von Cornwall fuhr, führte die Mannschaft noch kleinere Arbeiten aus. Auf diesem nagelneuen Schiff brach im Kohlenbunker Zehn im Kesselraum Sechs direkt unter den Kabinen der dritten Klasse auf den Decks E und F ein Feuer aus. Erstaunlicherweise schien niemand versucht zu haben, es zu löschen, denn das Feuer brannte noch, als das Schiff mit mehr als 2.000 Passagieren an Bord am 10. April von Southampton aufbrach. Auch wenn dies vielleicht nur eine Lappalie war, so sind Flammen auf einem Schiff immer ein enormes Sicherheitsrisiko. In dieser Nacht konnte das Feuer die *Titanic* aber nicht aufhalten. Auf der Fahrt nach Southampton erreichte sie zeitweise ihre Höchstgeschwindigkeit von 23,5 Knoten.

Am 3. April umrundete sie kurz nach Mittag Land's End und fuhr durch den Ärmelkanal. Bei Einbruch der Dunkelheit erreichte sie die Isle of Wight und die heimtückischen Gewässer, die ihre Schwester vorübergehend außer Gefecht gesetzt hatten. Als sie die Gewässer von Southampton erreichte, wurde die Geschwindigkeit verringert, und ein Lotse kam an Bord, um sie durch den letzten Streckenteil zu führen. Kurz vor Mitternacht erreichte sie bei Flut das neu errichtete White Star Dock, wo sie von fünf Schleppern der Red Funnel Line empfangen wurde. Schließlich wurde sie am Liegeplatz 44 vertäut, von wo sie dann sechs Tage später nach New York aufbrechen sollte - zum ersten und letzten Mal.

HAROLD BRIDE, *Funkassistent. Die Funker blieben bis zum bitteren Ende an ihren Posten.*

Links **JACK PHILLIPS,** *Funker. Er erhielt von einem nach Westen fahrenden Schiff eine Warnung vor Packeis und Eisbergen, die sich genau dort befinden sollten, wo die* **Titanic** *später kollidierte. Diese Nachricht erreichte Kapitän Smith nie.*

ZWEITES KAPITEL
GLANZ
UND
GLAMOUR

Die *Titanic* war das größte und beste Schiff. Und White Star sonnte sich natürlich in ihrer Pracht und Größe.

JEDE KLASSE *hatte ihre eigene Promenade; die der zweiten Klasse befand sich auf dem Bootsdeck.*

Glanz und Glamour

In Werbeanzeigen der White Star Line wurde die *Titanic* in vertikaler Position (eine unglückliche Wahl angesichts der späteren Ereignisse) dargestellt, um zu zeigen, daß das 270 Meter lange Schiff viele der höchsten Gebäude der Welt überragte, wie etwa das New Woolworth Building in New York (230 Meter), den Metropolitan Tower (215 Meter), das Washington Denkmal (183 Meter) sowie die Kathedrale von Köln (170 Meter). Man hatte keine Kosten gescheut, um aus der *Titanic* das luxuriöseste Schiff zu machen, das je die Meere befahren hatte. White Star hoffte auf großen Erfolg, indem man die Passagiere der ersten Klasse wie Könige behandelte, mit der zweiten Klasse Ansprüche zufriedenstellte und in der dritten Klasse mehr bot, als andere Linien.

Strenge Trennung

Die Passagierunterkünfte befanden sich in den sieben obersten Decks – A bis G – und waren streng voneinander abgetrennt. Je nobler die Unterkunft, desto höher das Deck. Wenn man von A nach G hinabstieg, traf man auch auf eine niedrigere soziale Schicht. Die jeweiligen Klassen aßen in separaten Speisesälen, lasen und tranken in separaten Aufenthaltsräumen, rauchten in separaten Rauchsalons, gingen auf separaten Promenaden spazieren, ließen sich die Haare bei separaten Friseuren schneiden und benutzten separate Gangways. Der lange, breite Gang, der entlang der Backbordseite des E-Decks verlief, wurde vor allem von der Besatzung und den

„DIE KÖNIGIN DER MEERE" *Die* Titanic *wurde als nautisches Wunder gepriesen.*

Zweites Kapitel

Passagieren des Zwischendecks benutzt und bekam den Spitznamen „Scotland Road" nach einer geschäftigen Durchzugsstraße im Arbeiterviertel von Liverpool. Ein schmalerer Gang auf der Steuerbordseite des E-Decks, der der ersten Klasse vorbehalten war, wurde nach einer eleganten Straße im Londoner Stadtteil Mayfair „Park Lane" benannt. Fast alle der beeindruckendsten Einrichtungen der *Titanic* waren den Passagieren der ersten Klasse vorbehalten.

„Beispielloser Luxus"

Die

Millionärs-

suiten hatten

ein Privatdeck

zum Sonnen.

☆

Die Unterkünfte auf den Decks A, B und C waren für die erste Klasse reserviert. Die elegantesten davon waren die Luxuskabinen, besonders die beiden Salonsuiten, die sich auf beiden Seiten neben dem großen Vordereingang am C-Deck befanden, und die beiden Millionärssuiten unmittelbar darüber am B-Deck. Die Millionärssuiten waren die teuersten Kabinen auf der *Titanic* und kosteten 870 Pfund. Laut *The Shipbuilder* waren sie „mit beispiellosem Luxus ausgestattet". Die Salonsuiten und Millionärssuiten bestanden jeweils aus einem Wohnraum, zwei Schlafräumen, zwei Garderobenräumen, einem privaten Badezimmer und einer Toilette; bei den Millionärssuiten gab es auch noch ein privates Sonnendeck. Die Wohnräume waren in unterschiedlichen Stilrichtungen ausgestattet, etwa Louis XVI oder Louis XIV. Man legte viel Wert auf Details. Viele der Lampen waren Originalstücke aus der jeweiligen Epoche. Wenn man eine Millionärssuite buchte, wurde dem Passagier kostenlos eine Innenkabine für das Personal zur Verfügung gestellt – ein unwiderstehliches Angebot.

Viele der Kabinen der ersten Klasse waren auch in einem bestimmten Stil eingerichtet, etwa italienische Renaissance, Empire, Adams, Louis XV, George I, Regency, Queen Anne, Neuholländisch oder Altholländisch. Alle Kabinen waren über imposante, lange, weiße Gänge miteinander verbunden. Neben den Salon- und Promenadensuiten befanden sich noch jeweils sechs weitere Suiten auf dem Deck. Sie verfügten über drei kombinierte Schlaf- und Wohnräume mit Zwischentüren, zwei Garderobenräume

sowie ein eigenes Bad und eine Toilette. Diese Räume konnten auch getrennt vermietet werden. Es gab Kabinen mit einem, zwei oder drei Betten, um jedem Geschmack zu entsprechen. Bei manchen lag gleich daneben eine Kabine für das Personal. Die Kabinen waren mit elektrischen Heizungen, 1,2 Meter breiten Messingbetten, Korbstühlen, Sofas aus Pferdehaar, Waschbecken aus Marmor und Deckenventilatoren ausgestattet. An der Wand hing ein grünes Gitternetz, in dem man nachts Wertgegenstände lagern konnte. Hier wurde zweifelsohne Luxus geboten.

„Typisch englischer Stil"

Alle Unterkünfte der ersten Klasse befanden sich mittschiffs. Zwei große Treppen (der Haupteingang von einer großen Glaskuppel verziert) oder drei elektrische Lifte verbanden die Decks miteinander. Wie es sich für ein derart luxuriöses Schiff gehörte, waren die Treppen vorwiegend im englischen Stil des späten 17. Jahrhunderts dekoriert, lediglich die aufwendig geschnitzte Balustrade mit ihren Eisenschnörkeln erinnerte an Ludwig XIV. Die Wände waren mit Eichenholztäfelung verziert.

Der Speisesaal der ersten Klasse am D-Deck war der größte Raum auf der *Titanic*. Er erstreckte sich über die ganze Breitseite des Schiffes (fast 30 Meter), war 35 Meter lang und bot Platz für mehr als 550 Personen (verglichen mit 532 auf der *Olympic*). Durch die Beleuchtung schien der Saal im Sonnenlicht zu baden. Am Kapitänstisch, der sich mittschiffs am vorderen Ende des Raumes befand, gab es sechs Plätze. Zudem verfügte der Saal über Nischen, wo man in Abgeschiedenheit speisen konnte. Die offiziellen Beschreibung des Saals: „Es ist ein immenser Raum in einem typisch englischen Stil, der an die frühen Jahre von König James I. erinnert; statt des dunklen Eichenholzes des 16. und 17. Jahrhunderts ist er jedoch in weiches, leuchtendes Weiß getaucht; die schön verzierte Stuckdecke und die Geräumigkeit des Saales gereicht auch dem strengsten Kritiker zur Freude. Die Möbel sind aus Eiche und fügen sich perfekt in die Umgebung ein." Die Essenszeiten waren für alle Klassen auf der *Titanic* gleich: Frühstück wurde von

8.30 bis 10.30 Uhr serviert, Mittagessen von 13 bis 14.30 Uhr und Abendessen von 18 bis 19.30 Uhr. Manche Säle der ersten Klasse, etwa das Restaurant, blieben aber länger offen.

Neben dem Speisesaal befand sich ein 16 Meter langer Empfangsraum. Dieser nahm die gesamte Breite des Schiffes ein. Sein Boden war mit einem edlen Axminster-Teppich bedeckt, er war mit luxuriösen Chesterfield-Sofas, Rohrstühlen und einem Flügel ausgestattet.

Französische Eleganz

Das Restaurant am B-Deck bot Passagieren der ersten Klasse eine große Auswahl an Speisen à la carte, was es im Speisesaal nicht gab. Dieser wunderschöne Raum war im Stil Ludwigs XVI. ausgestattet und vom Boden bis zur Decke mit französischem Walnußholz getäfelt. Sogar die Schlösser und Scharniere stammten aus dieser Periode. Es gab 49 Tische für zwei bis acht Personen, von denen jeder von einer Kristallampe beleuchtet und mit feinstem Silber und Porzellan gedeckt wurde. In der Mitte dieses 18 Meter langen und 14 Meter breiten Raumes hingen Kristallüster von der mit Blumen dekorierten Stuckdecke herab. Der Boden war mit roséfarbenem Teppich ausgelegt. Das Personal stammte aus dem eleganten Londoner Restaurant Luigi Gattis. Das Bordrestaurant bot 137 Gästen Platz und war von 8 bis 23 Uhr geöffnet. Passagiere, die während der ganzen Reise die Speisen im Restaurant und nicht im Speisesaal einnehmen wollten, bekamen bei ihren Fahrkarten einen Preisnachlaß von drei bis fünf Pfund. Der Empfangsraum neben dem Speisesaal der ersten Klasse hatte sich auf der *Olympic* so großer Beliebtheit erfreut, daß man bei der *Titanic* einen zusätzlichen Empfangsraum neben dem Restaurant einrichtete. Dieser Raum im Stil von George I. war mit eleganten Sofas und bequemen, mit karminroter Seide überzogenen Stühlen ausgestattet, ein perfekter Ort, um vor dem Essen auf Freunde zu warten.

DIE GROßE TREPPE
Durch diese beeindruckende Eingangshalle mit ihrer Glaskuppel und ihrer aufwendigen, luxuriösen Ausstattung traten die Passagiere der ersten Klasse in die opulente Welt der **Titanic** *ein.*

Zweites Kapitel

LIEBE ZUM DETAIL
Authentische Reproduktionen von Stilmöbeln schmückten die Wohnräume der Millionärs- und Salonsuiten auf der Titanic.

Die auffallendste Neuerung am B-Deck war aber das einzigartige Café Parisien. Es wurde bald zu einem beliebten Treffpunkt der jüngeren Passagiere. Auch die *Southampton Times* und der *Hamshire Advertiser* wurden rasch darauf aufmerksam und schrieben am 5. April 1912 in einem Vorbericht: „Das Café Parisien versprüht das Flair einer sonnigen Veranda. Es ist von elegantem Gitter umgeben und mit gemütlichen, bequemen Tischen und Stühlen ausgestattet. Es dient auch als Ergänzung zum Restaurant, da hier Speisen derselben Qualität mit demselben exzellenten Service und denselben Vorzügen wie im Restaurant serviert werden."

„Den besten Hotels an Land ebenbürtig"
Der Aufenthaltsraum am A-Deck war im Stil Ludwigs XVI. nach dem Beispiel von Schloß Versailles ausgestattet. Am einen Ende befand sich ein großer Kamin, am anderen ein Bücherregal, von dem sich die Passagiere Lesestoff ausborgen konnten. Auffallend an dem Raum war seine Höhe (3,7 Meter). Neben dem Aufenthaltsraum befand sich das ganz in Weiß gehaltene Lese- und Schreibzimmer. Weiter unten auf Deck A befand sich der Rauchsalon im Stil von George I., der mit feinstem Mahagoniholz mit Perlmuttintarsien ausgekleidet war. Neben dem Rauchsalon lagen das Verandacafé und der Palmenhof, ideal für Kaffee und Kammermusik Um die Illusion zu schaffen, an Land zu sein, waren Efeu und andere Klettergewächse gepflanzt worden. *The Shipbuilder* schrieb: „In bezug auf Möbel und Ausrüstung wurde alles getan, damit die erste Klasse den besten Hotels an Land mehr als ebenbürtig ist."

STILECHTER LUXUS
Die Kabinen der ersten Klasse waren in verschiedenen Stilrichtungen dekoriert.

Gegenüber DER LESE- UND SCHREIBSAAL
Ein großes Erkerfenster bot einen berauschenden Ausblick auf das Meer.

Glanz und Glamour

Einrichtungen der ersten Klasse

Die Passagiere der ersten Klasse verfügten über zahlreiche Sporteinrichtungen. Desweiteren gab es einen Friseur, eine Dunkelkammer für Fotografen, einen Bügelraum, eine Bibliothek und einen speziellen Speisesaal für das Personal. Die Turnhalle auf dem Bootsdeck war 13 Meter lang, 5,5 Meter breit und knapp drei Meter hoch. Sie hatte acht große Fenster und war mit beleuchteten farbigen Abbildungen der *Titanic* und einer Weltkarte mit dem Dampfschiffnetz von White Star geschmückt. Neben „nützlicher körperlicher Betätigung und grenzenlosem Amüsement" konnten die Passagiere hier unter der Aufsicht eines Trainers auf speziellen Geräten Reiten, Radfahren und Rudern.

Die türkischen Bäder, in denen auch die Shampooräume nicht fehlten, befanden sich am F-Deck. Der Ruheraum war im arabischen Stil des 17. Jahrhunderts gehalten. Die Bullaugen wurden „von aufwendig verzierten Kairoer Vorhängen verdeckt, und das eindringende Licht ließ die Pracht des geheimnisvollen Orients erahnen." Der Raum hatte einen Mosaikboden, und die Wände waren blaugrün verfliest; es gab prächtig vergoldete Balken, und die tiefrote Decke wurde von Pfosten abgestützt, die in geschnitztes Teakholz eingelassen waren. An den Wänden hingen arabische Bronzelampen zur Beleuchtung der weichen Sofas und eingelegten Damascuskaffeetischchen. Auf einer Seite des Raumes befand sich ein hübscher Marmorbrunnen. Der Eintritt in das türkische Bad und das angrenzende elektrische Bad kostete vier Shilling. Der Swimmingpool befand sich auf der Steuerbordseite am F-Deck. Er war neun Meter lang und vier Meter breit. Hier bezahlte man einen Shilling.

Am G-Deck befand sich der Squashcourt, der, laut *The Shipbuilder,* „besonders jenen gefallen wird, die von sportlicher Disposition sind". Er war so hoch, daß seine Decke bereits ins F-Deck reichte. Der Platz war neun Meter lang und sechs Meter breit, hatte eine Zuschauergallerie und wurde von einem Profi, Frederick Wright, betreut. Eine halbe Stunde auf dem Squashplatz kostete zwei Shilling.

Der Swimmingpool

Glanz und Glamour

Erstklassige zweite Klasse

Die 207 Kabinen befanden sich auf den Decks D, E, F und G und konnten über die große Treppe der zweiten Klasse sowie per Lift vom G-Deck zum Bootsdeck erreicht werden. Die Gänge waren mit roten oder grünen Teppichen ausgekleidet, die Wände mit Eichenholz vertäfelt. Die Kabinen der zweiten Klasse entsprachen Kabinen der ersten Klasse auf anderen Schiffen. Sie waren großzügig beleuchtet, hatten zwei bis vier Betten und waren mit Mahagonimöbeln eingerichtet. Die Böden waren mit Linoleumfliesen ausgelegt.

Der Speisesaal der zweiten Klasse befand sich am D-Deck. Er war 21 Meter lang und nahm die ganze Breite des Schiffes ein. Die Wände waren mit Eiche vertäfelt, und an den langen Tischen mit Drehstühlen fanden 394 Personen Platz. Darüber befand sich die Bibliothek mit Ahornvertäfelung, Mahagoni-

DER TURNSAAL
Hier wurden „nützliche körperliche Betätigung und grenzenloses Amüsement" geboten.

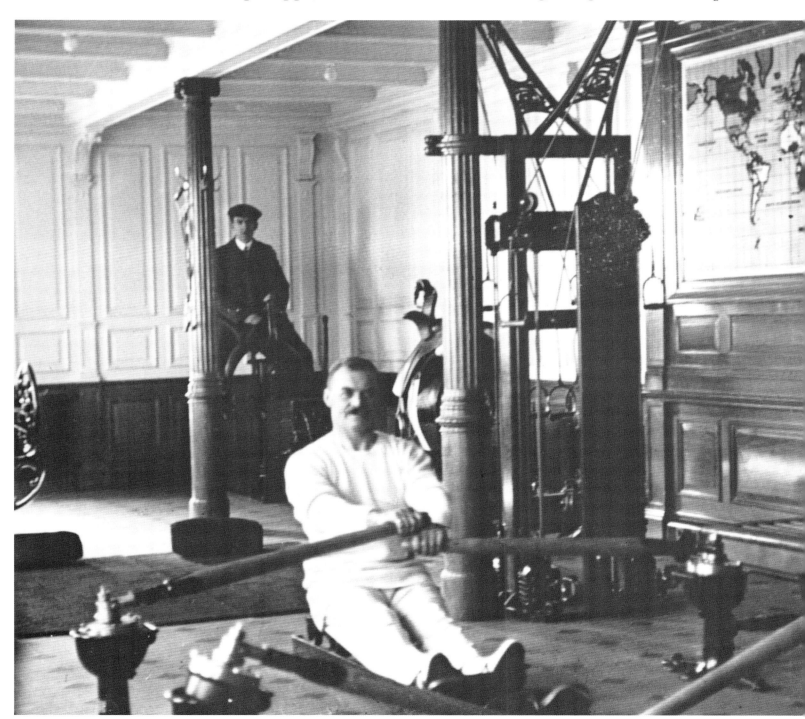

Zu ebener Erde und im ersten Stock

Passagiere der ersten Klasse auf einem Spaziergang am Nordatlantik.

Eine Suite in der ersten Klasse kostete für eine einfache Fahrt zwischen 400 und 870 Pfund. Jene, die den höchsten Preis für die Millionärssuiten am B-Deck bezahlt hatten, durften die benachbarten, 15 Meter langen Privatdecks mit ihren halbvertäfelten Wänden im elisabethinischen Stil benutzen. Diese Einrichtung war einzigartig auf der *Titanic*.

Die anderen Passagiere der ersten Klasse konnten auf den 150 Meter langen, überdachten Promenaden auf den Decks A und B sowie der 60 Meter langen, offenen Promenade auf dem Bootsdeck spazieren. Das billigste Ticket der ersten Klasse kostete ohne Mahlzeiten 23 Pfund. Am anderen Ende des Spektrums befanden sich die Passagiere der dritten Klasse, die die Nacht in Kabinen mit bis zu 10 Schlafstellen verbrachten. Im großen Schlafsaal unten am G-Deck schliefen sage und schreibe 164 Passagiere. Das billigste Ticket der dritten Klasse kostete, inklusive Mahlzeiten, sieben Pfund und 15 Shilling. Die Promenade der dritten Klasse am C-Deck war weit bescheidener. Die große, überdachte Fläche am D-Deck, wo es Tische und Stühle gab, stand auch Passagieren des Zwischendeckes zur Verfügung. Zu den Promenaden der zweiten Klasse gehörte eine 44 Meter lange Fläche auf dem Bootsdeck und ein überdachter, 26 Meter langer Teil mit seitlichen Schiebefenstern am C-Deck neben der Bibliothek der zweiten Klasse.

möbeln, einem Wiltonteppich und dem großen Bücherschrank. Direkt darüber lag der Rauchsalon der zweiten Klasse, der im Stile Ludwigs XVI. ausgestattet war. Die Möbel waren aus Eiche und mit einfarbig dunkelgrünem Maroquinleder bezogen. Die Passagiere der zweiten Klasse durften auch den Friseur am E-Deck benutzen.

Die Aussicht von der dritten Klasse

Auch die 222 Kabinen der dritten Klasse befanden sich auf D, E, F und G. Sie waren überraschend groß, die Kiefervertäfelung und der hübsche Bodenbelag stellten im Vergleich zu den unverkleideten Metallwänden und -böden auf anderen Linienschiffen eine enorme Verbesserung dar. Da die Titanic nicht auf den Transport vieler Emigranten angelegt war, gab es nur einen offenen Schlafsaal am G-Deck. Der Speisesaal der dritten Klasse am F-Deck war 30 Meter lang und bot 473 Gästen Platz. Er war eher schlicht eingerichtet, auch wenn die Stühle eine angenehme Abwechslung zu den sonst üblichen angeschraubten Bänken darstellten. Die Passagiere der dritten Klasse durften auch den Aufenthaltsraum, der mit Bänken, Tischen, Stühlen und einem Klavier für gemeinsame Lieder ausgestattet war, benutzen, sowie den mit Teakholzmöbeln ausgestatteten Rauchsalon. Eine Bar war neben dem Rauchsalon, eine weitere auf dem D-Deck. Die Unterkunft in der dritten Klasse war sehr schön, auch wenn die Rohre und Gitter nicht, wie in der ersten Klasse, hinter Vertäfelungen und Wandteppichen versteckt waren. Alle unverheirateten Männer und Frauen waren getrennt voneinander auf gegenüberliegenden Seiten des Schiffes untergebracht, was in der ersten und zweiten Klasse natürlich nicht der Fall war. Nachtruhe für die dritte Klasse war 22 Uhr. Nur wenige Einrichtungen auf der Titanic waren mehreren Klassen zugänglich, darunter das Orchester, das Passagiere der ersten und der zweiten Klasse unterhielt. Unter der Leitung des 33jährigen Wallace Hartley, eines ausgezeichneten Geigers, der zuvor auf der Mauretania gearbeitet hatte (auch der Pianist Theodore Brailey und der Cellist Roger Bricoux waren von einem anderen Schiff, der Carpathia, abgeworben worden), unterhielten acht Musiker die Gäste mit einem Repertoire von 352 Melodien. Von den

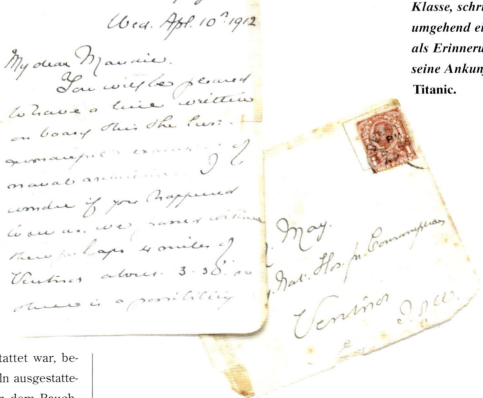

GEDANKEN AN DAHEIM
Richard May, ein Passagier der ersten Klasse, schrieb umgehend einen Brief als Erinnerung an seine Ankunft auf der Titanic.

Zweites Kapitel

KABINEN DER ERSTEN KLASSE
Messingbetten, Korbstühle und Waschbecken aus Marmor waren Teil der Einrichtung.

Musikern wurde erwartet, daß sie zu jeder Nummer, die der Dirigent aufrief, das richtige Lied wußten.

Die Gruppe wurde in zwei Kapellen aufgeteilt. Ein makellos gekleidetes Trio aus Klavier, Geige und Cello spielte im Aufenthaltsraum und dem Speisesaal der zweiten und im Empfangsraum vor dem A la carte-Restaurant und dem Café Parisien der ersten Klasse. Das verbleibende Quintett unter der Leitung von Hartley spielte zum Tee, nach dem Dinner und bei der sonntäglichen Messe.

Die *Titanic* faßte 2.603 Passagiere (905 in der ersten, 564 in der zweiten und 1.134 in der dritten Klasse) sowie 944 Besatzungsmitglieder, also insgesamt 3.547 Personen. Mehr als die Hälfte der Besatzung kümmerte sich um die Wünsche der Passagiere, 325 arbeiteten an den Maschinen und die restlichen 66, darunter auch der Kapitän, lenkten das Schiff. Die Kapitänssuite und die Offizierskabinen befanden sich auf dem Bootsdeck in der Nähe der Offizierspromenade. Ähnlich wie bei den Passagierunterkünften waren die Besatzungsmitglieder mit niedrigerem Rang weiter unten zwischen den Decks C und G untergebracht. Die verschiedenen Besatzungsgruppen, etwa die Köche, Stewards, Techniker und Feuerwehrleute, hatten auch ihre eigenen Gesellschaftsräume.

Passagiere umgebucht

Als der 10. April näher kam, zog es unzählige Schaulustige nach Southampton, die sich das Schiff ansehen wollten, um das so viel Aufhebens gemacht wurde. White Star hatte aber eine große Sorge: Man hatte mit einer starken Nachfrage nach Fahrkarten für die Jungfernfahrt des luxuriösesten Schiffes der Welt gerechnet, doch die Reservierungen waren eher spärlich. Die Firma stand also vor der Blamage, ihr Flaggschiff nur halbvoll auf die Reise nach New York zu schicken. Grund für das Desinteresse war

Ein schwimmender Gourmettempel

Das Essen an Bord der *Titanic* bot alles, was sich in einem Nobelhotel in London oder New York fand. Das A la carte-Restaurant in der ersten Klasse war dem Café Royal oder dem Savoy Grill ebenbürtig. Der Speisesaal der ersten Klasse bot ähnliche Leckerbissen. Am 14. April gab es hier zum Dinner – für viele das letzte – ein siebengängiges Menü. Dazu gehörten verschiedene Hors d´oeuvres oder Austern; zwei verschiedene Suppen; Lachs; Filet Mignon, Huhn à la Lyonnaise oder gefüllter Eierkürbis; Lamm, Ente oder Rindsfilet mit Gemüse; eine Auswahl an vier schmackhaften, leichten Gerichten, wie zum Beispiel kaltem marinierten Spargel und Gänseleberpastete; und vier Desserts: Waldorf-Pudding, Pfirsiche in Chartreusegelee, Schokolade- und Vanilleeclairs und französische Eiscreme.

In der zweiten Klasse gab es klare Suppe, gebackenen Schellfisch, als Hauptgericht Curryhuhn mit Reis, Lamm oder gebratener Truthahn mit Gemüse oder Reis, eine Auswahl an Desserts (Pflaumenpudding, Weingelee, Kokosnußsandwich oder amerikanische Eiscreme), Nüsse und Früchte, Käse, Kekse und Kaffee.

In der ersten und zweiten Klasse gab es „Lunch" und „Dinner", in der dritten Klasse „Dinner" und „Tea". Das Dinner wurde mittags eingenommen. Die Speisen war hier natürlich nicht so raffiniert und die Auswahl kleiner, dafür waren die Portionen groß. Zum Frühstück gab es Getreideflocken, Bücklinge oder weiches Ei, Brot, Marmelade und Tee oder Kaffee. Zum Dinner wurden Suppe, ein Fleischgericht, ein warmes Dessert und Obst aufgetragen. „Tea" bestand aus einer warmen Mahlzeit, Brot, einem leichten Dessert und Tee. Es gab auch noch ein spätes Abendessen mit Käse und Keksen oder Haferschleim und Kaffee.

Die Küchen der ersten und zweiten Klasse befanden sich am D-Deck zwischen den beiden Speisesälen. In der Küche gab es zwei riesige Kochstellen, die als die größten der Welt galten, und von denen jede 19 Backöfen hatte. Außerdem gab es vier Silbergriller, zwei große Bratöfen, Dampföfen, Dampfkochtöpfe und elektrische Maschinen zum Schneiden, Schälen von Kartoffeln, Faschieren, Rühren und Einfrieren.

DIE SPEISEKAMMER

NAHRUNGSMITTEL

Vor ihrer Abfahrt aus Southampton lud die *Titanic* die folgenden Nahrungsmittel:

frisches Fleisch:	34.000 kg	Reis, getrocknete Bohnen,		Grapefruit:	50 Kisten
frischer Fisch:	5.000 kg	etc.:	4.500 kg	Salat:	7.000
gepökelter und		Zucker:	4.500 kg	Tomaten:	2.750 kg
getrockneter Fisch:	2.000 kg	Getreide:	4.500 kg	frischer Spargel:	800 Bündel
Schinken und Speck:	3.400 kg	Mehl:	200 Fässer	frische grüne Erbsen:	1020 kg
Geflügel und Wild:	11.300 kg	Orangen:	36.000	Zwiebeln:	1.600 kg
frische Eier:	40.000	Zitronen:	16.000	Kartoffeln:	40.000 kg
Würste:	1.100 kg	Trauben:	450 kg	Marmeladen:	510 kg
Kuchen:	450 kg	Frischmilch:	6.800 l	Bier:	20.000 Flaschen
Eiscreme:	2.000 l	frisches Obers:	1.360 l	Weine:	1.500 Flaschen
Kaffee:	1.000 kg	Kondensmilch:	2.700 l	Schnäpse:	850 Flaschen
Tee:	360 kg	frische Butter:	2.700 kg	Mineralwasser:	15.000 Flaschen

GESCHIRR UND BESTECK

Zwischen dem 4. und 10. April wurden auch große Mengen an Geschirr, Besteck und Gläsern geliefert

Frühstückstassen:	4.500	Untertassen fürs Frühstück:	4.500	Dinnergabeln:	8.000
Teetassen:	3.000	Untertassen für den Tee:	3.000	Obstgabeln:	1.500
Kaffeetassen:	1.500	Untertassen für den Kaffee:	1.500	Fischgabeln:	1.500
Suppentassen:	3.000	Soufflégeschirr:	1.500	Austerngabeln:	1.000
Oberskannen:	1.000	Weingläser:	2.000	Buttermesser:	400
Frühstücksteller:	2.500	Champagnergläser:	1.500	Zuckerzangen:	400
Dessertteller:	2.000	Cocktailgläser:	1.500	Obstmesser:	1.500
Suppenteller:	4.500	Likörgläser:	1.200	Fischmesser:	1.500
Kuchenteller:	1.200	Bordeauxkaraffen:	300	Tisch- und Dessertmesser:	8.000
Rindssuppenteller:	3.000	Salzstreuer:	2.000	Dinnerlöffel:	5.000
geschliffene Glasschwenker:	8.000	Salatschüsseln:	500	Dessertlöffel:	3.000
Wasserflaschen:	2.500	Puddinggeschirr:	1.200	Eierlöffel:	2.000
Kristallteller:	1.500	Zuckerdosen:	400	Teelöffel:	6.000
Selleriegläser:	300	Obstschalen:	400	Salzlöffel:	1.500
Blumenvasen:	500	Handschalen:	1.000	Senflöffel:	1.500
Eisteller:	5.500	Butterdosen:	400	Toastgitter:	400
Dinnerteller:	12.000	Gemüsegeschirr:	400	Nußknacker:	300
Kaffeekannen:	1.200	Entréeplatten:	400	Spargelzangen:	400
Teekannen:	1.200	Fleischplatten:	400	Traubenscheren:	100

WÄSCHE

Die Wäschekammern der *Titanic* enthielten:

Schürzen:	4.000	Bettüberzüge:	3.600	Badetücher:	7.500
Decken:	7.500	Steppdecken:	800	Handtücher:	25.000
Tischtücher:	6.000	einfache Leintücher:	15.000	kleine Handtücher:	8.000
Glastücher:	2.000	doppelte Leintücher:	3.000	Handtuchrollen:	3.500
Küchentücher:	3.500	Polsterüberzüge:	15.000	Speisetücher:	6.500
Tagesdecken:	3.000	Servietten:	45.000	diverse andere Artikel:	40.000

Glanz und Glamour

insbesondere ein sechswöchiger Kohlestreik im Frühjahr 1912, der am 6. April noch nicht zu Ende war. Reisetermine mußten in letzter Minute abgesagt oder verschoben werden, was die Passagiere verwirrte und enttäuschte. Um das Gesicht zu wahren, entschloß sich White Star, Passagiere von anderen Schiffen auf die *Titanic* umzubuchen.

Nicht ausgebucht

Trotz dieser Maßnahmen blieben viele Plätze, vor allem in der ersten und zweiten Klasse, frei. Als die *Titanic* in den Nordatlantik stach, befanden sich insgesamt 2.207 Menschen an Bord, um 1.000 weniger als möglich. In der ersten Klasse wurden 322 Passagiere gezählt, in der zweiten 275 und in der dritten 712 sowie eine erweiterte Mannschaft von 898. Angesichts dessen, was geschehen sollte, war es ein Glück, daß White Star das Schiff nicht zur Gänze füllen konnte.

Millionäre...

Was an Quantität fehlte, wurde bei der Gästeliste an Qualität wettgemacht. Die reichsten Bürger New Yorks und Philadelphias hatten sich versammelt. Die wohlhabenden Briten waren weniger beeindruckt

EMPFANGSRAUM DER ERSTEN KLASSE

Dieser mit einem prächtigen Axminster-Teppich geschmückte Raum nahm die ganze Breite des Schiffes ein.

Zweites Kapitel

COLONEL JOHN JACOB ASTOR IV.

An Bord war auch der Mann, der einen Skandal in der New Yorker Gesellschaft provozierte, weil er nach seiner Scheidung eine Frau heiratete, die jünger war als sein Sohn.

„Ein Mann, der eine Million Dollar hat, ist so gut situiert wie ein reicher Mann."

COLONEL JOHN JACOB ASTOR IV.

☆

MADELEINE ASTOR

Astors brachen ihre zweiten Flitterwochen ab, als Madeleine erfuhr, daß sie schwanger war. Sie kam mit ihrem Mann an Bord.

von dem Aufheben, das um Jungfernfahrten gemacht wurde, und benutzten lieber die altbewährten Schiffe der Cunard Line; daher fanden sich in der ersten Klasse vorwiegend Amerikaner. Neben einer Passagierliste, die insgesamt etwa 250 Millionen Dollar schwer war, transportierte das Schiff auch eine unbezahlbare, mit Juwelen besetzte Ausgabe des Rubáiyát von Omar Khayyám. Außerdem verbrachten nicht weniger als 20 frisch vermählte Paare ihre Flitterwochen an Bord der *Titanic*. Nur eines davon, die Bishops aus Michigan, überlebte. Die anderen Bräute wurden auf dieser Reise zu Witwen.

Der erlesenste Gast auf der Passagierliste war Colonel John Jacob Astor IV., dessen privates Vermögen auf 87 Millionen Dollar geschätzt wurde. Er hatte beträchtlich von seiner Familie geerbt (sein Urgroßvater war ein Pionier des Pelzhandels), und sein Vermögen war durch einige gewitzte Immobiliengeschäfte vergrößert worden, so daß sich ein großer Teil Manhattans in seinem Besitz befand. Wie viele seiner Zeitgenossen wußte Astor nicht, was Armut bedeutete. Er soll gesagt haben: „Ein Mann, der eine Million Dollar hat, ist so gut situiert wie ein reicher Mann." Da er auch eine Schwäche für Transportmittel hatte, erfand er eine Fahrradbremse und ein pneumatisches Gerät zum Glätten der Straßen. Ein britisches Gericht verurteilte ihn zu einer Geldstrafe, weil er mit seinem Automobil viel zu schnell gefahren war. Ein anderes Mal verschwand er 16 Tage lang einfach auf seine

Privatjacht in der Karibik, was die Nation in Sorge stürzte und die Geldmärkte ins Wanken brachte.

Im Alter von 46 Jahren sorgte der frisch geschiedene Millionär für einen Skandal in der New Yorker Gesellschaft, als er sich mit der 18jährigen Madeleine Force, die jünger war als sein Sohn Vincent, verlobte. Das Paar heiratete im September 1911 und beschloß, in Ägypten und Paris zweite Flitterwochen zu verbringen, um den bissigen Zungen und der lästigen Presse zu entkommen. Als sie jedoch erfuhren, daß Madeleine im fünften Monat schwanger war, beschloß das Paar, nach New York zurückzukehren, und buchte einen Platz auf der *Titanic*. Gemeinsam mit einem Diener, einer Zofe und einer Krankenschwester bewohnten sie C62, eine der luxuriösen Salonsuiten.

Magnaten...

Die zweite Salonsuite (C55) wurde von einem älteren Ehepaar gebucht, das Teil des *Titanic*-Mythos werden sollten: Isidor und Ida Straus. Straus war kurz nach dem Bürgerkrieg nach Amerika gekommen und begann als Verkäufer von Föderationsanleihen. Bald eröffnete er eine kleine Porzellanfirma in Philadelphia. Als ihm in New York ein vielversprechendes Geschäft, Macy's, auffiel, fragte er dort an, ob er und sein Bruder dort Glas und Porzellan verkaufen dürften; Macy's sollte zehn Prozent des Ertrags erhalten. Innerhalb von zehn Jahren gehörte den Brüdern Straus das ganze Kaufhaus. 1912 begann Isidor Straus, weniger Zeit für das Geschäft zu verwenden und sich zunehmend wohltätigen Zwecken zu widmen. Das Ehepaar Straus verbrachte seinen Lebensabend mit Hobbies und Reisen. Sie hatten diesen Frühling Urlaub in Europa gemacht, und eine Heimfahrt auf

Glanz und Glamour

der *Titanic* schien der perfekte Abschluß für ihre Reise zu sein.

Die Wideners aus Philadelphia waren durch Bankgeschäfte und Eisenbahnbau reich geworden. An Bord der *Titanic* waren George Widener, seine Frau Eleanor und deren 27jähriger Sohn Harry, ein Harvard-Absolvent. Die Wideners waren schwer reich und hatten ein geschätztes Vermögen von 30 Millionen Dollar. Eleanor etwa reiste mit einer Perlenkette, die auf 600.000 Dollar versichert war, was heute etwa vier Millionen Dollar entsprechen würde. George und Eleanor Widener waren Gastgeber beim letzten Dinner auf der *Titanic.*

Die Wideners waren nicht die einzigen Eisenbahnmagnaten, die in Southampton an Bord gingen. Auch Charles M. Hays, der kanadische Präsident von Grand Trunk Pacific Railroad, dessen Firma kürzlich bei den Niagarafällen eine Brücke über den Niagara River gebaut hatte, war zugegen, sowie John B. Thayer, zweiter Vizepräsident der Pennsylvania Railroad Company.

Berühmtheiten...

Weitere erwähnenswerte Passagiere an Bord waren die Gräfin Rothes (die zu ihrem Mann, einem Obstbauern, nach Kanada reiste); Major Archibald Butt, Militärberater des amerikanischen Präsidenten William H. Taft; der englische Journalist, Herausgeber und Spiritualist William T. Stead, der auf spezielle Einladung von Präsident Taft einen Vortrag auf einer Friedenskonferenz in Amerika halten sollte; der gefeierte Broadway-Produzent Henry B. Harris und seine Frau Renée; der amerikanische Künstler Frank Millet; der Autor Jacques Futrelle; der Stummfilmstar Dorothy Gibson; der ehemalige Senator von Wyoming, Francis M. Warren; der Friedensrichter von San Francisco, Dr. Washington Dodge, und der Historiker Colonel Archibald Gracie, der in England Forschungen über den Krieg von 1812 betrieben hatte und nun zurück nach Washington fuhr.

... und ein neues Automobil von Renault

Die meisten Passagiere der ersten Klasse hatten natürlich, ihrem Rang entsprechend, Unmengen an Gepäck bei sich. Obwohl Archie Butt nur sechs Wochen von zu Hause weg war, benötigte er sieben Schrankkoffer für seine Garderobe. Der Stahlmagnat Arthur Ryerson und seine Frau hielten mit 16 Koffern den Rekord. Die wohlhabende Charlotte Cardeza aus Philadelphia und ihr Sohn Thomas, die in Cherbourg zugestiegen waren und in Millionärssuite B 51 residierten, hatten 14 Schrankkoffer, vier kleinere Koffer, drei Kisten und eine Medikamententasche bei sich. Darin befanden sich unter anderem 70 Kleider, zehn Pelzmäntel, 38 Federboas, 22 Hutnadeln und 91 Paar Handschuhe. Mrs. Cardeza reiste nicht gerne mit leichtem Gepäck.

Ein weiterer prominenter Mann aus Philadelphia, Billy Carter, brachte 60 Hemden, 15 Paar Schuhe, zwei Fräcke, 24 Poloschläger ... und ein neues Automobil von Renault an Bord. Sein Besitz sank mit der *Titanic,* Carter überlebte.

Henry Sleeper Harper aus der berühmten Verlegerfamilie hatte seinen hoch dekorierten Pekinesen Sun Yat-sen dabei; Robert W. Daniel, ein Banker aus Philadelphia, brachte seine preisgekrönte französische Bulldogge, die er soeben in Großbritannien gekauft hatte, zurück; und John Jacob Astor wurde von seinem Airedale-Terrier Kitty begleitet.

ISIDOR STRAUS
Er und sein Bruder verkauften Glas und Porzellan bei Macy's und erwarben schließlich das ganze Kaufhaus.

EINIGE GINGEN NICHT AN BORD

Mindestens 55 Passagiere stornierten sehr kurzfristig ihre Buchung auf der *Titanic*. Der interessanteste Rückzieher kam von J. Piermont Morgan (Krankheit), doch sein ehemaliger Geschäftspartner, Robert Bacon, der scheidende amerikanische Botschafter in Paris, trat ebenfalls kurz nach einem Anruf von Morgan zurück. Bei der Stornierung behauptete Bacon, er müsse in Paris bleiben, um einiges für seinen Nachfolger zu regeln.

Der Stahlbaron Henry C. Frick hatte ursprünglich die Luxussuite B52 reserviert, trat aber zurück, da seine Frau sich bei einer Kreuzfahrt nach Madeira den Knöchel verstaucht hatte. Die Suite wurde für Morgan reserviert, und nach dessen Rücktritt für Mr. und Mrs. J. Horace Harding. Diese nahmen die schnellere *Mauretania*. So blieb die Suite des Schiffes J. Bruce Ismay.

Der Eisenbahn- und Schiffsmagnat George W. Vanderbilt und seine Frau traten zurück, da seine Schwiegermutter, Mrs. Dressler, Jungfernfahrten ablehnte. Ihre Überzeugungskraft war so groß, daß die Vanderbilts sogar noch zurücktraten, nachdem ihr Gepäck an Bord geschafft worden war. Ihr ergebener Diener und Passagier der zweiten Klasse, Frederick Wheeler, reiste mit dem Gepäck nach Amerika und sank mit der *Titanic*.

Mr. und Mrs. James V. O'Brien mußten ihre Pläne, auf der *Titanic* zu reisen, aufgeben, da ein Prozeß an einem irischen Gericht länger dauerte als erwartet.

Reverend J. Stuart Holden, der Pfarrer der St. Paul's Church am Portman Square in London, stornierte am Abend vor der Abfahrt, da seine Frau krank war.

Ein Mr. M. Forster mit seiner Nichte trat zurück und buchte auf der *Adriatic*. Er sagte: „Ich hatte etwas Angst vor den neuen Maschinen, und deshalb beschloß ich, nicht auf der *Titanic* Europa zu verlassen."

Mr. und Mrs. Edward W. Bill aus Philadelphia hatten sich bereits auf die Fahrt mit der *Titanic* gefreut, bis Mrs. Bill im Londoner Hotel Cecil vor der Abfahrt nach Southampton das bevorstehende Unglück ahnte. Das Paar nahm die *Mauretania*, und nach ihrer sicheren Ankunft in New York bekannte Mr. Bill: „Ich hatte bereits unsere Räume auf der *Titanic* ausgewählt und meinte zu meiner Frau, daß es interessant wäre, die Jungfernfahrt des größten Schiffes der Welt mitzuerleben. Mrs. Bill war nicht sehr begeistert, und als ich zu White Star buchen gehen wollte, bat sie mich, zu bleiben. Sie sagte, sie wüßte nicht, warum, aber sie wollte nicht mit der *Titanic* fahren. Sie hatte nie etwas gegen Reisepläne gesagt, doch diesmal blieb sie fest, und ich gab widerwillig nach."

Ein unbekannter irischer Bauer wollte nach Amerika auswandern und hatte am Zwischendeck der *Titanic* gebucht. Doch seine Mutter hatte offenbar drei Nächte hindurch geträumt, daß das Schiff mitten im Meer sinken und alle an Bord sterben würden. Sie erzählte ihrem Sohn davon und beschwor ihn, zu Hause zu bleiben, bis er schließlich stornierte.

Außer den Passagieren machten auch 22 Besatzungsmitglieder, die die *Titanic* angeheuert hatte, die Jungfernfahrt nicht mit. Drei Brüder aus Southampton, Bertram, Tom und Alfred Slade, die als Trimmer in einem der Kohlenbunker eingeteilt worden waren, wurden von einem vorbeifahrenden Zug gehindert, rechtzeitig an Bord des Schiffes zu gehen. Ein weiterer Mann aus Southampton, Harry Burrows, blieb einen Monat daheim, um einen Job auf der *Titanic* zu bekommen. Am 10. April verabschiedete er sich von seiner Mutter und ging zum Hafen. Kurz danach kam er jedoch zurück und sagte seiner Mutter, er hätte „ein seltsames Gefühl" bekommen.

Die 22 Besatzungsmitglieder, die nicht mitfuhren, waren: C. Blake; F. T. Bowman; B. Brewer; W. Burrows; J. Coffey; W. W. Dawes; P. Dawkins; P. Ettlinger; B. Fish; R. Fisher; A. Haveling; F. Holden; P. Kilford; A. Manley; W. J. Mewe; E. di Napoli; V. Penny; J. Shaw; W. Sims; A. Slade; D. Slade; T. Slade. Sie wurden ersetzt durch: D. Black; J. Brown; W. Dickson; R. Dodds; A. Geer; T. Gordon; E. Hosgood; L. Kinsella; A. Locke; W. Lloyd; F. O'Connor; A. Windebank; H. Witt.

Glanz und Glamour

Die 190 Familien in der ersten Klasse wurden von 23 Hausmädchen, acht Dienern und ausgewählten Kindermädchen sowie den Gouvernanten begleitet. Hatte man jedoch nicht sein eigenes Personal an Bord, so konnte man auf die Stewards und Stewardessen des Schiffes zurückgreifen. Um sicherzustellen, daß die VIPs nicht länger als unbedingt nötig warten mußten, wurden die Stewards und Stewardessen in deren Nähe untergebracht – in winzigen Kabinen, in denen bis zu vier Personen wohnten und die in die Ecken der geräumigen Korridore der ersten Klasse gezwängt waren. Es bestand nie die Gefahr, daß ein Steward seinen angemessenen Platz vergaß.

Unter der versammelten High Society fehlte ein bedeutender Gast: Suite Nummer B52, die Promenadensuite gegenüber der Mrs. Cardezas, war für J. Pierpont Morgan, den Schiffseigentümer, reserviert. Doch Morgan stornierte in letzter Minute, da er sich angeblich nicht wohl fühlte. Zwei Tage nach dem Unglück fand ein Reporter den 75jährigen in dem französischen Kurort Aix-les-Bains bei bester Gesundheit in Begleitung seiner französischen Freundin. Sein später Rücktritt wurde von Vertretern einer Verschwörungstheorie als weiteres Indiz dafür gedeutet, daß die *Titanic* absichtlich versenkt worden war. Die Suite, die eigentlich für Morgan reserviert worden war, bekamen statt dessen J. Bruce Ismay, sein Diener und sein Sekretär.

Geschäftige Vorbereitungen

Die Woche zwischen der Ankunft der *Titanic* in Southampton und ihrer Abfahrt nach New York war sehr geschäftig. Alles wurde geladen, und zusätzlich zu der Menge, die von der *Olympic* zurückgelassen worden war, wurde Kohle von fünf anderen IMM Schiffen im Hafen geladen. Die *Olympic* war nur Stunden vor Ankunft der *Titanic* in Southampton nach New York ausgelaufen. Doch das Feuer in einem der Bunker konnte unkontrolliert brennen. Die Offiziere unter Kapitän Smith waren in Belfast für Seeübungen an Bord gekommen. Nur ein Mann, der zukünftige Leitende Offizier Henry T. Wilde, war offenbar nicht dabei, da er erst spät wegen seiner Erfahrung auf großen Passagierdampfern von der *Olympic* abgezogen

DIE GRÄFIN ROTHES
Sie übernahm das Kommando auf einem Rettungsboot und half zu rudern.

EIN BERG PAPIER
Unter anderem wurde eine große Auswahl an Schreibwaren mit an Bord genommen.

Zweites Kapitel

AUF DER BRÜCKE *Kapitän Smith (sitzend, links) und die Leitenden Offiziere der* Titanic.

worden war. Sein später Wechsel führte zu einer neuen Einteilung der Ränge auf der *Titanic*. Der vorherige Leitende Offizier, William M. Murdoch, wurde Erster Offizier; Charles H. Lightoller wurde Zweiter Offizier; Herbert J. Pitman (Dritter), Joseph G. Boxhall (Vierter), Harold G. Lowe (Fünfter) und James P. Moody (Sechster) behielten ihren Rang, da der ehemalige Zweite Offizier, David Blair, abmusterte. Die meisten Besatzungsmitglieder wurden am Samstag, dem 6. April, angeheuert. An Bewerbern mangelte es nicht, da die Menschen nach der durch den Kohlestreik erzwungenen Untätigkeit dringend wieder Arbeit brauchten. Deshalb waren die Hallen bis oben hin vor allem mit Arbeitern aus Southampton gefüllt, doch wurden auch Männer aus Belfast, Liverpool, Dublin und London von der Aussicht angezogen, auf dem neuesten und besten Schiff der Welt zu fahren.

Unter den Heizern, die an jenem Tag anheuerten, war ein gewisser Thomas Hart aus 51 College Street, Southampton. Nachdem er die erforderliche Musterungsrolle vorgelegt hatte, nahm der Mann seinen Platz auf der *Titanic* ein und ging mit ihr unter. Harts alte Mutter war über den Verlust untröstlich, und dementsprechend erstaunt, als ihr Sohn einen Monat später verlegen, doch gesund heimkehrte. Es zeigte sich, daß Hart seine Musterungsrolle volltrunken in einem Pub verloren hatte. Ein unbekannter Betrüger hatte die Möglichkeit ergriffen, seinen Job anzunehmen und für seine Unehrlichkeit mit dem Leben bezahlt.

„Schiff geladen und zur Abfahrt bereit"

Der Mittwoch, der 10. April 1912, war ein heiterer, doch windiger Morgen. Die kühle Frühjahrsluft vibrierte vor Erwartung. Die Besatzung meldete sich um sechs Uhr morgens in der Werft und wurde zu ihren Quartieren an Bord gebracht. Eine halbe Stunde später betrat Thomas Andrews, der offizielle Reisevertreter von Harland & Wolff, das Schiff. Er hatte die letzte Woche damit verbracht, jedes Detail des Schiffes zu studieren und peinlich genau auch die kleinsten Verbesserungen zu notieren, die bei der *Titanic* noch durchgeführt werden könnten. Kapitän Smith traf um 7.30 Uhr mit dem Taxi ein, und um acht Uhr wurde die blaue Fahne am Heck gehißt. Während die Besatzung an Deck antrat, inspizierte Kapitän Maurice Clarke vom Handelsministerium das Schiff ein letztes Mal. Er prüfte vor allem, ob die Rettungsboote ordnungsgemäß funktionierten, doch entging ihm das Feuer in Bunker Nummer zehn. Zufrieden, daß alles in Ordnung war und daß die 5.892 Tonnen Kohle auf der *Titanic* bis New York reichen würden, unterzeichnete Clarke die Schiffspapiere. Smith übergab dann den „Kapitänsbericht" dem Marineinspektor von White Star, Benjamin Steele. Darin stand: „Ich bestätige hiermit, daß das Schiff geladen und bereit zur Abfahrt ist. Die Maschinen und Kessel sind für die Reise in gutem Zustand, und alle Karten und Navigationspläne sind auf letztem Stand. Ihr ergebener Diener, Edward J. Smith."

Die ersten Passagiere der zweiten und dritten Klasse kamen um 9.30 Uhr nach zweistündiger Fahrt mit dem Zug aus London, Waterloo Station, an. Unter den 497 Passagieren der dritten Klasse, die von Southampton abfuhren, waren 180 Skandinavier (darunter 30 Kinder). Das war auf die große Werbekampagne von White Star in Norwegen und Schweden zurückzuführen. Der Großteil von ihnen wollte in den USA ein neues Leben beginnen und hatte die Überfahrt „auf dem erstmöglichen Schiff" gebucht. Es war ihr Unglück, daß dieses Schiff die *Titanic* war.

Bemerkenswert unter den 183 britischen Passagieren der dritten Klasse, die in Southampton zustiegen, waren zwei große Familien: die Sages und die Goodwins. John und Annie Sage kamen mit ihren neun Kindern an Bord, Fred und Augusta Goodwin mit sechs, das jüngste davon Baby Sidney. Die Goodwins hatten ihr Haus in London verkauft und wollten nach Amerika emigrieren, wo der Elektriker Fred wie sein Bruder Thomas in einem neuen Kraftwerk arbeiten sollte. Sie hätten auf einem kleineren Schiff reisen sollten, doch wurde ihre Überfahrt aufgrund des Kohlestreiks storniert und auf die *Titanic* verlegt. Hier war die dritte Klasse so gut wie die erste Klasse auf dem anderen Schiff, und die Goodwins und Sages waren sehr aufgeregt. Doch kein Mitglied dieser beiden Großfamilien sollte New York erreichen.

Die Eingänge zur zweiten und dritten Klasse lagen beide auf dem C-Deck, doch waren sie natürlich getrennt. In ihren Räumen fanden die Passagiere Karten als Orientierungshilfe durch die Korridore. Unter den 245 Personen der zweiten Klasse war die 7jährige Eva Hart, die mit Vater Benjamin und Mutter Esther nach Winnipeg reiste. Benjamin Hart, ein Baumeister aus Essex, wollte in Kanada ein neues Leben beginnen. Auch die Harts hätten auf einem anderen Schiff – der *Philadelphia* – reisen sollen, doch wurden ihre Pläne vom Kohlestreik über den Haufen geworfen. Mrs. Hart war über die bevorstehende Reise alles andere als begeistert. Sie war vor allem über die Bezeichnung der *Titanic* als „unsinkbar" beunruhigt, da sie meinte, daß dies an

Die kühle Frühjahrsluft vibrierte vor Erwartung.

☆

Zweites Kapitel

DIE FAMILIE HART
Sie wollten in Kanada ein neues Leben beginnen. Die 7jährige Eva überlebte.

Blasphemie grenzte. „Das ist Gotteslästerung," erklärte sie ihrem Mann. „Das Schiff wird niemals die andere Seite des Atlantiks erreichen." Noch als sie an Bord gingen, bat Mrs. Hart ihren Mann umzukehren, doch dieser weigerte sich, und so kam sie widerwillig zu ihm und Eva in die Kabine. Diese verließ sie nur zu den Mahlzeiten. Da sie überzeugt war, daß das Unglück in der Nacht über das Schiff hereinbrechen würde, schlief sie am Tag und blieb die Nacht über wach. Die kleine Eva Hart verdankte ihr Leben der Wachsamkeit ihrer Mutter.

Viele der 202 Passagiere der ersten Klasse, die in Southampton an Bord gingen, kamen mit dem Zug um 11.30 Uhr an, der die Waterloo Station um 9.45 Uhr verlassen hatte, und wurden in ihre luxuriösen Kabinen gebracht. Gegen Mittag machte der Lotse George Bowyer, der für den Zusammenstoß der *Olympic* mit der *HMS Hawk* verantwortlich gewesen war, alles für die Abfahrt bereit. Punkt zwölf Uhr kündigten drei laute Signale aus den riesigen Hörnern der *Titanic* an, daß sie fuhr, und die Menschen am Kai winkten ihren Angehörigen zum Abschied zu. Acht Besatzungsmitglieder, darunter die drei Slade-Brüder, die auf ein letztes Bier gegangen waren, rannten in einem verzweifelten Versuch, das Schiff zu erreichen, über den Pier. Nur zwei erreichten die Gangway, bevor sie gehoben wurde – die anderen sechs blieben am Dock zurück und verfluchten ihr Pech.

Knapp an einem Unglück vorüber

Die *Titanic* wurde von sechs Seilen langsam vom Anlegeplatz in den Kanal des River Test gezogen. Hier wurde sie vorsichtig nach backbord gedreht, und die Seile wurden abgehängt. Mit eigener Kraft begann sie nun Geschwindigkeit zuzulegen und erreichte etwa sechs Knoten. Der enge Kanal war für jedes größere Schiff eine Herausforderung, doch für einen riesigen Passagierdampfer wie die *Titanic* gab es viele Gefahrenstellen. Der Platz wurde durch zwei weitere Passagierdampfer, die *Oceanic* und die *New York*, noch weiter eingeschränkt, die gemeinsam (das letztgenannte Schiff außen) an die Liegeplätze 38 und 39 andockten. Normalerweise lag hier nur ein Schiff, doch an jenem Tag warteten nach dem Kohlestreik mehr Schiffe als gewöhnlich in Southampton auf das Auslaufen.

Nachdem die *Titanic* an den zwei kleineren Passagierdampfern vorübergefahren war, drehte sie erneut nach steuerbord in den River Itchen ab, bevor sie ins offene Meer fuhr. Doch zuerst entging sie nur knapp einem Zusammenstoß, der ähnlich wie die Kollision zwischen der *Olympic* und der *HMS Hawke* ausgelöst wurde. Als die *Titanic* der 155 Meter langen *New York* näher kam, wurden die Wellen auf ihrer Steuerbordseite in den River Test gedrückt. Doch auf ihrer Backbordseite, wo die *New York* vor Anker lag, hatte das Wasser keinen Platz. Als die *Titanic* neben ihr war, wurde die *New York* mit solcher Kraft auf und ab gehoben, daß die sechs Vertäuseile rissen. Einige Kracher, ähnlich Pistolenschüssen, klangen durch den Test. Die *Titanic* fuhr weiter, was wieder mehr Wellen verursachte, die die losgerissene *New York* gegen sie trieben. Als das Heck der *New York* nur noch etwa einen Meter von der Backbordseite der *Titanic* entfernt war, schien eine Kollision unvermeidlich.

„Volle Fahrt zurück"

Der Tag wurde von Kapitän Gale von der *Vulcan* gerettet, der als einer der Lotsen die *Titanic* begleitete. Er sah die Gefahr und wollte nicht zwischen den beiden Passagierdampfern erdrückt werden. So gelang es ihm, sein Seil hinter das Heck

Glanz und Glamour

der *New York* zu werfen und sie beim zweiten Versuch einzufangen. Dadurch wurde ihre Bewegung zur *Titanic* hin verzögert. Gleichzeitig reagierten Kapitän Smith und Lotse Bowyer auf der Brücke der *Titanic* auf die Gefahr. Bowyer gab den Befehl „Maschinen abschalten" und „Volle Fahrt zurück", und Smith ließ den Steuerbordanker bis knapp über die Wasseroberfläche absenken, um ihn bei einer plötzlichen Wende schnell fallen lassen zu können. Dadurch wurde ein Zusammenstoß der beiden Schiffe abgewendet, und die *Titanic* fuhr langsam zum White Star Dock zurück. Weitere Seile wurden ausgeworfen, um der *Vulcan* zu helfen, und schließlich brachte man die *New York* unter Kontrolle. Es war knapp gewesen.

Kapitän Gale erzählte der *Southampton Times* und dem *Hampshire Express,* wie er zuerst die *Titanic* aus ihrem neuen Dock gelotst hatte. „Wir ließen steuerbord ab und fuhren achtern, um einige Arbeiter aufzunehmen, die die *Titanic* verlassen sollten. Die *Titanic* hatte eine Wasserverdrängung von etwa einem Meter, und sie war nahe dem Meeresgrund. Sobald sie zur *New York* kam, rissen deren Seile durch die Rückströmung oder den Sog, und ich

DIE GRÖSSE HAT NACHTEILE
Die Lenkung der **Titanic** *und ihrer Schwesterschiffe erwies sich als schwierig und unfallanfällig.*

DAS CAFÉ PARISIEN
Es wurde schnell zum Treffpunkt der jüngeren Passagiere.

drehte die *Vulcan,* um ein Stahlseil backbord über die *New York* zu werfen. So konnte ich sie von der *Titanic* fernhalten."

Obwohl die Zeitung meinte, daß der Vorfall „beträchtliche Unruhe bei den Hunderten Menschen am Kai ausgelöst hatte", verteidigte sich Kapitän Smith und wies alle Anschuldigungen zurück, wonach er zu schnell gefahren sein könnte. Er schrieb über die Abfahrt der *Titanic:* „Sobald sie ihren Ankerplatz verließ, war sie unter völliger Kontrolle, und sie lief nicht nur majestätisch, sondern auch gewandt und ruhig aus dem Dock aus." Die *Titanic* fuhr sicher langsamer als die *Olympic* für gewöhnlich. Smith und Bowyer handelten vielleicht schneller als auf der *Olympic,* doch hatten sie offenbar wenig aus dem früheren Unfall gelernt und fuhren an dieser engen Stelle noch immer zu schnell. Dieser Vorfall verzögerte die Abfahrt der *Titanic* um eine weitere Stunde, in der zusätzliche Seile an die *Oceanic* angebracht wurden, damit sie sich nicht losreißen konnte. Auf alle Fälle war es ein schlechtes Zeichen für die Jungfernfahrt eines neuen Schiffes. Viele der Passagiere, die hilflos vom Deck der *Titanic* zusahen, hatten wohl

Glanz und Glamour

den Vorfall mit der *New York* als bedeutungslos abgetan, da nichts passiert war, doch die Menschen, denen das riesige Schiff bereits wenig geheuer war, waren nun überzeugt, sich an Bord eines Unglücksschiffes zu befinden.

Erster Anlaufhafen

Die zweite Abfahrt von Southampton verlief ohne Zwischenfälle, und nachdem Lotse Bowyer das Schiff verlassen hatte, war die *Titanic* bald im Ärmelkanal auf dem Weg zum ersten Anlaufhafen, Cherbourg in der Normandie. Die Strecke war nicht einmal 128 Kilometer lang, doch dauerte die Fahrt etwas mehr als vier Stunden.

Die Passagierschiffe der White Star liefen Cherbourg regelmäßig an, seit die Reederei 1907 die Linie Southampton - New York aufgenommen hatte. Doch der Hafen war relativ klein und konnte anders als Southampton und New York, wo für die *Titanic* und ihr Schwesterschiff die Piers und Docks vergrößert worden waren, das große Passagierschiff nicht aufnehmen. So mußte die *Titanic* außerhalb des Hafens vor Anker gehen, und Passagiere und Fracht wurden mit zwei Tendern, der *Nomadic* und der *Traffic,* zum Schiff gebracht.

Die *Titanic* erreichte Cherbourg um 18.35 Uhr Ortszeit, da sie die Stunde, die sie in Southampton verloren hatte, nicht aufholen konnte. 22 Passagiere (15 der ersten und sieben der zweiten Klasse) hatten die *Titanic* nur als Fähre über den Ärmelkanal benutzt und gingen an ihrem Bestimmungshafen von Bord. Die Überfahrt hatte in der ersten Klasse ein Pfund und zehn Shilling und in der zweiten Klasse ein Pfund gekostet. Außerdem wurde der Kanarienvogel eines gewissen Mr. Meanwell von Bord genommen. Es stiegen 142 Passagiere der ersten Klasse, 30 der zweiten Klasse und 102 der dritten Klasse zu, die alle eine sechsstündige Fahrt mit dem *Train Transatlantique* vom Pariser Gare St. Lazare hinter sich hatten.

Wie in Southampton war die Liste der Passagiere der ersten Klasse kurz, doch erlesen. Am bedeutendsten war der 47jährige amerikanische Minenkönig Benjamin Guggenheim. Die Familie von Schweizer Emigranten hatte ihr Vermögen im Bergbau in der Stadt Leadville, Colorado, gemacht, obwohl Guggenheim auch in Großbritannien eine Hütte besaß. Er verfügte angeblich über ein Vermögen von 58 Millionen Dollar, was sich aber als Übertreibung herausstellte. Guggenheim wurde von seinem Diener Victor Giglio und seinem Chauffeur René Pernot auf die *Titanic* begleitet. Letzterer bestand darauf, alleine in der zweiten Klasse zu reisen.

An Bord gingen einige andere reiche Amerikaner, wie die Cardezas (die angeblich mit ihrem Gepäck

Zweites Kapitel

BENJAMIN GUGGENHEIM
Sein Chauffeur reiste alleine in der zweiten Klasse.

LADY LUCY DUFF GORDON
Die internationale Modedesignerin, ihr Ehemann Sir Cosmo Duff Gordon und ihre Sekretärin überlebten. Sir Cosmos Verhalten während der Evakuierung war später Thema des britischen Untersuchungsausschusses über das Unglück der Titanic.

das Schiff zum Sinken bringen konnten), der Geschäftsmann Emil Brandeis und eine Millionärin aus Denver, Mrs. James Joseph Brown, die von ihren Freunden „Molly" genannt wurde. Sie hatte während eines Ägyptenurlaubs die Astors getroffen und wollte mit demselben Schiff wie diese nach Amerika zurückkehren. Zum Glück für sie – und zahlreiche Überlebende – konnte diese mutige Dame ihre Reservierung auf die *Titanic* umändern.

Unter den Passagieren der ersten Klasse waren auch zwei Engländer mittleren Alters, die unter dem Namen „Mr. und Mrs. Morgan" reisten, obwohl es sich tatsächlich um die internationale Modedesignerin Lady Lucy Duff Gordon (die unter dem Namen „Lucile" ihre Geschäfte vom noblen Londoner Hanover Square aus betrieb) und

ihren Ehemann Sir Cosmo Duff Gordon handelte. Warum das Paar beschloß, inkognito in separaten Kabinen zu reisen, bleibt ebenso ein Geheimnis wie die Wahl des Namens „Morgan". War es vielleicht ein Scherz auf Kosten von J. Piermont Morgan?

Als Passagiere der dritten Klasse gingen Menschen aus dem Nahen Osten in Cherbourg an Bord, die nur wenig Englisch sprachen. Nach eineinhalb Stunden war die *Titanic* zur Abfahrt bereit. Drei tiefe Signale aus ihren Hörnern, und sie fuhr in die Nacht Richtung Queenstown, ihrem letzten Aufenthalt vor den Weiten des Atlantiks.

Letzter Anlaufhafen

Wie Cherbourg war Queenstown zu klein für einen Passagierdampfer von der Größe der *Titanic*, und so ging sie bei ihrer Ankunft um 11.30 Uhr am 11. April drei Kilometer vor der Küste vor Anker. Zwei Tender der White Star, die *America* und die *Ireland*, brachten dann 113 Passagiere der dritten und sieben der zweiten Klasse sowie 1.385 Postsäcke zur *Titanic* hinaus. Wie üblich waren die Passagiere sogar auf den Tendern nach Klasse getrennt.

Sieben Passagiere, die je vier Pfund für die Überfahrt in der ersten Klasse von Southampton gezahlt hatten, gingen von Bord. Darunter war der 32jährige Lehrer und Priesterseminarist Francis Browne, der als begeisterter Photograph die letzten Fotos an Bord der *Titanic* machte, die erhalten geblieben sind. Darunter war auch ein Schnappschuß von Kapitän Smith auf der Brücke. Bei dem Aufenthalt gelang es dem 24jährigen Heizer John Coffey aus Queenstown zu desertieren. Er schmuggelte sich in einem Stoß Postsäcke an Land. Offenbar hatte er die *Titanic* als Gratistransport nach Hause betrachtet.

Während des Aufenthalts in Queenstown konnten die Passagiere der *Titanic* Waren von kleinen Booten kaufen, die mit den Tendern der White Star

DIE TÜRKISCHEN BÄDER
Durch einen kunstvollen Kairoer Vorhang „läßt das Licht etwas vom Geheimnis des Orients erahnen".

gekommen waren. Von einem dieser Händler kaufte Colonel John Jacob Astor um 165 Pfund einen Spitzenschal für seine junge Frau. Es gab Unruhe, als Passagiere ein schwarzes, rußbedecktes Gesicht auf dem hintersten der vier Schornsteine der *Titanic* entdeckten. Es handelte sich um einen blinden Schornstein, der als Ventilator diente. Einer der Heizer war zum Spaß innen die Leiter hochgeklettert. Einige lachten, als er erschien, doch andere sahen darin ein weiteres böses Omen.

Um 13.30 Uhr verließ die *Titanic* nun unter amerikanischer Flagge Queenstown und begann ihre lange Überfahrt über den Atlantik nach New York, wo sie am Morgen des 17. April ankommen sollte. Als die Maschinen des Schiffes mit lautem Dröhnen ansprangen, spielte Eugene Daly, der in Queenstown zugestiegen war, auf dem Dudelsack die traurige Melodie „Erin's Lament" als Abschiedslied an seine geliebte Heimat. Bald verschwanden die grünen Hügel Irlands in der Ferne und die *Titanic* am Horizont. Drei Viertel der Passagiere sollten nie wieder Land sehen.

DRITTES KAPITEL
UND DIE KAPELLE SPIELTE WEITER

Von der gefrorenen Landmasse Grönlands gehen jedes Jahr im Durchschnitt 12.000 bis 15.000 Eisberge ab. Etwa 400 driften weit genug nach Süden, um für Transatlantikschiffe gefährlich zu werden. Doch die Zahlen sind nicht relevant. Wie es sich zeigte, konnte ein einziger Eisberg den größten Passagierdampfer der Welt zum Sinken bringen.

KEINE RETTUNG: Als die ersten Notraketen abgefeuert wurden, sahen mehrere Offiziere der Titanic *die Topplichter eines anderen Schiffes.*

Und die Kapelle spielte weiter

Als die *Titanic* entlang der festgelegten Nordatlantikroute nach Westen fuhr, konnten nicht einmal ihre aufmerksamsten Passagiere ein Problem mit dem Eis vorhersehen. Der Himmel war blau, der Wind leicht und das Meer ruhig – perfektes Seewetter. Tatsächlich war der Winter 1912 der mildeste in dieser Region seit 30 Jahren. Doch eben durch diese Wärme brachen riesige Eisfelder von der Masse ab und drifteten nach Süden, wo der Winter so hart gewesen war, daß keine warme Luft das Eis schmelzen konnte. In der Woche vom 7. April berichteten 20 Schiffe, daß sie in dieser Gegend Eis gesehen hatten, und eines – die *Niagara* der French Line – wurde sogar leicht beschädigt. Laut Beobachtungen dieser Schiffe befand sich ein riesiges Eisfeld zwischen 46° bis 41°31'N und 46°18' bis 50°40'W. Der Kurs der *Titanic* lag bei 42°N, 47°W – also mitten im Eis.

Ungeachtet der tödlichen Gefahr, die vor ihr lag, fuhr die *Titanic* weiter nach Westen. Zwischen Freitag, dem 12. April, mittags und Samstag, dem 13. April, legte sie 830 Kilometer zurück, von Samstag bis Sonntag weitere 874 Kilometer. Das Schiff legte an Geschwindigkeit zu, und 24 der 29 Kessel waren in Verwendung. Falls es das Wetter zuließ, plante J. Bruce Ismay für Montag, den 15. April, einen kurzen Geschwindigkeitstest, bei dem die *Titanic* erstmals 24 Knoten erreichen sollte. Entgegen Gerüchten unter den Passagieren wollte man die Überquerung nicht in Rekordzeit durchführen – die 26 Knoten der *Mauretania* machten dieses Vorhaben aussichtslos.

An Bord entspannten sich die Passagiere in der luxuriösen Umgebung. Die romantischen, sternklaren Nächte machten die Reise vor allem für die Paare auf Hochzeitsreise unvergeßlich. Die Funker, der 24jährige Jack Phillips und der 22jährige Harold Bride, hatten jedoch wenig Ruhe, da sie von den Passagieren der ersten Klasse auf Trab gehalten wurden, die ihre Freunde mit Nachrichten von der *Titanic* beeindrucken wollten. Der Apparat war in der Nacht besonders frequentiert, da die Reichweite dann bei knapp 2.000 Kilometern lag. Dieser Dienst war zwar nicht billig – ein Mindestbetrag von zwölf Shilling und sechs Pence (oder drei Dollar) für zehn

| 1912 | **11. APRIL** | **13.30 Uhr** |
| | | *Die* Titanic *verläßt Queenstown in Irland.* |

Wörter und neun Pence für jedes weitere Wort –, doch war Geld kein Thema für die Bewohner der besten Kabinen.

Erste Eiswarnungen

Sonntag, der 14. April 1912, begann wie jeder andere Tag. Als einer der ersten Passagiere stand Colonel Archibald Gracie auf, der sofort Frederick Wright, den Squashprofi des Schiffes, für ein Aufwärmspiel vor dem Frühstück engagierte. Da der Colonel danach noch immer Energie hatte, schwamm er im Pool, bevor er sich ein herzhaftes Frühstück genehmigte. Die Besatzung versah wie üblich ihren Dienst – teilweise mit gewisser Erleichterung, da das Feuer in Kesselraum Nummer sechs am Vorabend endlich gelöscht worden war. Sonntag war der einzige Tag der Woche, an dem Kapitän Smith keinen genauen Inspektionsgang machen mußte. Doch jeder Gedanke an einen ruhigen Morgen wurde um neun Uhr früh zunichte gemacht, als die *Titanic* von Kapitän Barr von der *Caronia* der Cunard Line, die von New York nach Liverpool fuhr, die folgende zwei Tage alte Meldung bekam:

„Kapitän, *Titanic* – Nach Westen fahrende Schiffe melden Eisberge, Treibeis und Eisfelder auf 42 Grad Nord von 49 bis 51 Grad West, 12. April. Grüße, Barr".

Nachdem Kapitän Smith die Nachricht, die ihm auf die Brücke gebracht worden war, gelesen hatte, ließ er sie für seine Offiziere anschlagen. Um 10.30 Uhr leitete er dann einen Gottesdienst im Speisesaal der ersten Klasse. Alle Anwesenden beteten „für die auf See". In der zweiten Klasse wurde der Gottesdienst vom Zahlmeister durchgeführt.

Das Gebiet, auf das sich die Funkmeldung bezog, lag nur einige Kilometer nördlich des geplanten Kurses der *Titanic*, und man mußte damit rechnen, daß das Eis nach Süden driften konnte.

„Kapitän, Titanic – Nach Westen fahrende Schiffe melden Eisberge, Treibeis und Eisfelder ..."

☆

Drittes Kapitel

13. APRIL

13.00 Uhr

Der Cheftechniker meldet, daß das Feuer im Kohlenbunker Nummer zehn gelöscht ist.

Um 11.40 Uhr meldete der holländische Dampfer *Noordam* ebenfalls Eis im selben Bereich.

Sonntag morgen sollte auf Schiffen der White Star eine Bootsübung abgehalten werden, bei der sich alle Matrosen, Passagiere und Besatzungsmitglieder in Schwimmwesten bei ihrer Bootsstation versammeln sollten. Doch diesmal ließ Kapitän Smith diese Übung aus. Vielleicht hielt er die *Titanic* für so sicher, daß die Übung nicht nötig wäre, oder er fürchtete, daß der Mangel an Rettungsbooten die nervöseren Passagiere unnötig beunruhigen würde.

Um 13.42 Uhr erhielt die *Titanic* eine weitere Eiswarnung, diesmal von der *Baltic,* die besagte: „Kapitän Smith, *Titanic* – griechischer Dampfer *Athinai* meldet heute Eisberge und große Mengen Treibeis auf Breite 41°51'N, Länge 49°52'W. Zu jener Zeit befand sich die *Titanic* auf 42°35'N, 45°50'W. Das Eis war dem Kurs des Schiffes gefährlich nahe.

Die Meldung wurde sofort auf die Brücke gebracht, doch anstatt sie seinen Offizieren zu zeigen, nahm sie Kapitän Smith mit zum Mittagessen. Auf dem Promenadendeck stieß er auf J. Bruce Ismay, dem er die Nachricht zeigte. Ismay steckte sie sofort in seine Tasche und zeigte sie danach nur einigen ausgewählten Passagieren. Ansonsten blieb die Meldung für die nächsten fünfeinhalb Stunden in seiner Tasche, bis sie der Kapitän zurückverlangte und auf der Brücke anschlug. Bedenkt man, daß die Sicherheit der Passagiere im Vordergrund stehen sollte, war das Verhalten der beiden Männer erstaunlich, wenn nicht gar fahrlässig. Man kann nur annehmen, daß sie die Gefahr unterschätzten. Doch Smith war ein sehr erfahrener Seemann und hätte erkennen sollen, daß sogar Schiffe von der Größe der *Titanic* es nicht mit Eisbergen aufnehmen konnten.

Das Eis kam näher. Leise und verborgen schwammen die riesigen Eisberge wie eine bewegliche Bergkette über das Meer. Um 13.45 Uhr, drei Minuten nach der Nachricht von der *Baltic,* meldete der deutsche Passagierdampfer *Amerika* der Seewarte der US Navy in Washington, daß sie zwei große Eisberge bei 41°27'N, 50°8'W passiert hatten. Die Seewarte gab diese Information an die North Atlantic Schiffsgesellschaft weiter, und sie wurde von Jack Phillips auf der *Titanic* empfangen. Laut seinem Untergebenen Harold Bride behielt Phillips die Warnung für sich.

Eine kalte, klare Nacht

Diesen Nachmittag sank die Temperatur schnell. Die Passagiere verließen die Decks und zogen sich in die warmen Aufenthaltsräume zurück. Colonel Gracie las ein Buch fertig und gab es der Bibliothek zurück. Andere in der ersten Klasse machten es sich im Rauchsalon oder dem Leseraum bequem oder genossen vor einem offenen Kamin in der Lounge ihren Nachmittagstee, während sie einem Trio aus dem Schiffsorchester lauschten, das populäre Melodien spielte – von Gilbert und Sullivan über Strauß bis Ragtime, der neuesten Modeerscheinung. Auch die Aufenthaltsräume der zweiten und dritten Klasse waren voll, doch mußten die Menschen hier selbst für Unterhaltung sorgen. Kinder, die vom Prunk der *Titanic* noch immer fasziniert waren, wanderten mit glänzenden Augen durch die endlosen Korridore.

Um 17.50 Uhr erreichte die *Titanic* die „Ecke" auf 42°N, 47°W und änderte ihren Kurs von S62°W auf S86°W. Unten machten sich die Passagiere für das Abendessen in ihren Speisesälen bereit. Das Signal zum Essen ließ eine ganze Legion von Stewards, Stewardessen, Dienstmädchen und Dienern tätig werden, die den Passagieren der ersten Klasse beim Ankleiden halfen. Wie gewöhnlich fand das größte gesellschaftliche Ereignis im A la carte-Restaurant statt, wo die Wideners ein Abendessen zu Ehren von Kapitän Smith gaben. Zu den Gästen gehörten die Thayers, die Carters und Archie Butt. Auf dem Weg ins Restaurant traf Kapitän Smith J. Bruce Ismay und verlangte auch endlich die frühere Eiswarnung der *Baltic* zurück.

Bei Einbruch der Dunkelheit wurde die Navigation noch wichtiger. Es wurde angeordnet, nach

Und die Kapelle spielte weiter

1912	9.00 Uhr	13.42 Uhr	13.45 Uhr
14. APRIL	*Die* Caronia *meldet Eis auf 42° nördlicher Breite und einer Länge von 49° bis 51°W.*	*Die* Titanic *hat die Position 42°35'N, 45°51'W. Die* Baltic *meldet Eis auf 41°51'N, 49°52'W.*	*Die* Amerika *meldet Eis auf 41°27'N, 50°8'W.*

Eisbergen Ausschau zu halten, obwohl diese Aufgabe durch das Fehlen von Ferngläsern im Krähennest nicht gerade erleichtert wurde. Bei der Abfahrt aus Belfast hatte man ein Fernglas gehabt, doch war dieses acht Tage später bei der Abfahrt aus Southampton verschwunden. Laut Aussage des Zweiten Offiziers Charles Herbert Lightoller lagen auf der Brücke nicht weniger als fünf herum – doch wenn man sie am dringendsten brauchte, waren sie nicht da. Auf der Wasseroberfläche ist nur ein Neuntel eines Eisbergs zu sehen, und ist ein Berg umgekippt, erscheint er durch das Wasser dunkel oder blau, so daß er in der Nacht ohne Fernglas besonders schwer zu erkennen ist. Der Erste Offizier William Murdoch, ein erfahrener Seemann, achtete darauf, daß nichts die Sicht vom Krähennest

DIE WIDENERS
Ihre Party zu Ehren von Kapitän Smith war das letzte gesellschaftliche Ereignis für eine Reihe von Passagieren der ersten Klasse.

	17.50 Uhr	19.00 Uhr	19.15 Uhr
14. APRIL	*Die* Titanic *ändert auf 42°N, 47°W ihren Kurs von S62°W auf S86°W.*	*Lufttemperatur 6°C.*	*Eiswarnung der* Baltic *endlich an der Brücke angeschlagen.*

oder der Brücke aus einschränkte. So befahl er um 19.15 Uhr bei seinem Rundgang, die Backsluke zu schließen, weil er fürchtete, das Licht könnte die Ausguckposten stören. Er befahl dem Lampentrimmer Samuel Hemming: „Wenn Sie nach vorne gehen, sehen Sie zu, daß die Backsluke geschlossen ist. Wir sind in der Nähe von Eis ... und ich möchte, daß alles vor der Brücke dunkel ist."

Unter dem sternklaren Himmel wurde es immer kälter. Um 19.30 Uhr hatte es nur noch 4°C. Um diese Zeit gelangte eine Meldung für die *Antillian*, die nach Osten fuhr, vom Frachter *Californian* der Leyland in den Funkraum der *Titanic*. Es wurden drei große Eisberge auf 42°3'N, 49°9'W, etwa 30 Kilometer nördlich des Kurses der *Titanic* gemeldet. Harold Bride gab an, er hätte die Meldung auf der Brücke einem Offizier übergeben, doch wußte er später nicht mehr, wem. Unterdessen wurde Kapitän Smith noch immer von den Wideners unterhalten. Eineinhalb Stunden später lag die Temperatur nur noch knapp über dem Gefrierpunkt. Der Zweite Offizier Lightoller, der Murdoch bei der Wache abgelöst hatte, warnte den Zimmermann Maxwell, der für die Frischwassertanks verantwortlich war, daß das Wasser gefrieren könnte. Als Kapitän Smith kurz vor 21.00 Uhr auf die Brücke kam, berichtete ihm Lightoller, 38, der seit 25 Jahren auf See war, über die herrschenden Bedingungen. Obwohl Smith die Party früher verlassen hatte, da die *Titanic* vor Mitternacht auf Eis treffen sollte, schien keiner der Männer übermäßig beunruhigt, da die Sicht sehr gut war. Sie sprachen über das ruhige Meer, und Lightoller bemerkte, daß die Windstille schlecht wäre, da man Eisberge bei Wind in der Nacht leichter sah. Sie stimmten sogar überein, daß sie genug gewarnt wären, wenn der Berg „eine blaue Seite zeigte". Um etwa 21.30 Uhr zog sich Smith in seine Kabine zurück, nachdem er Lightoller

befohlen hatte, ihn bei einer Verschlechterung der Sicht oder des Wetters sofort zu wecken.

Die unbeachtete Meldung

Harold Bride beschloß, eine Pause einzulegen, bevor er sich für den nächtlichen Ansturm an Meldungen bereit machte. So saß am Funkgerät nur Jack Phillips. Um 21.40 Uhr nahm dieser eine Nachricht von der westwärts fahrenden *SS Mesaba* entgegen: „Von *Mesaba* an *Titanic* und alle ostwärts fahrenden Schiffe. Auf 42°N bis 41°25'N Breite und 49°W bis 50°30'W Breite viel Packeis, auch große Eisberge gesichtet. Ebenfalls Treibeis. Wetter gut, klar."

Da die Landstation auf Cape Race in Neufundland nun in Reichweite war, wollte Phillips offenbar die Nachrichten absenden, die sich den ganzen Tag angesammelt hatten. Deshalb wurde die Meldung von der *Mesaba* auf die Seite gelegt und nie an Kapitän Smith oder die Brücke weitergeleitet – ein fataler Fehler, denn die Warnung gab die genaue Position an, an der die *Titanic* sinken sollte.

Doch auch wenn die Nachricht die Verantwortlichen erreicht hätte, hätten sie wahrscheinlich nicht gehandelt. Die Eismeldung von der *Mesaba* war bereits die sechste, die an jenem Tag von der *Titanic* empfangen wurde. Hätte man die Positionen genau notiert, wäre sofort klar geworden, daß die *Titanic* direkt auf einen riesigen Eisgürtel zufuhr, der sich 125 Kilometer über ihren Kurs erstreckte. Statt dessen scheinen die meisten Warnungen auf der Brücke selbstzufrieden abgetan worden zu sein. Sicher dachte man nicht daran, die Geschwindigkeit der *Titanic* von 22,5 Knoten zu reduzieren, so lange die Sicht nicht schlechter wurde. Kapitän Smith war überzeugt, daß jeder Eisberg bei derart guten Sichtverhältnissen rechtzeitig zu sehen wäre. An Smiths Verhalten war nichts Ungewöhnliches. Die meisten Kapitäne, die in Zeitnot gerieten, zogen es

Und die Kapelle spielte weiter

14. APRIL	19.30 Uhr	20.40 Uhr	21.00 Uhr
	Californian meldet Eis 42°3'N, 49°9'W.	*Zweiter Offizier Lightoller läßt im Krähennest nach Eis Ausschau halten und befiehlt Zimmermann Maxwell, die Frischwasservorräte zu beobachten, um zu sehen, ob es friert.*	*Lufttemperatur 0,5°C.*

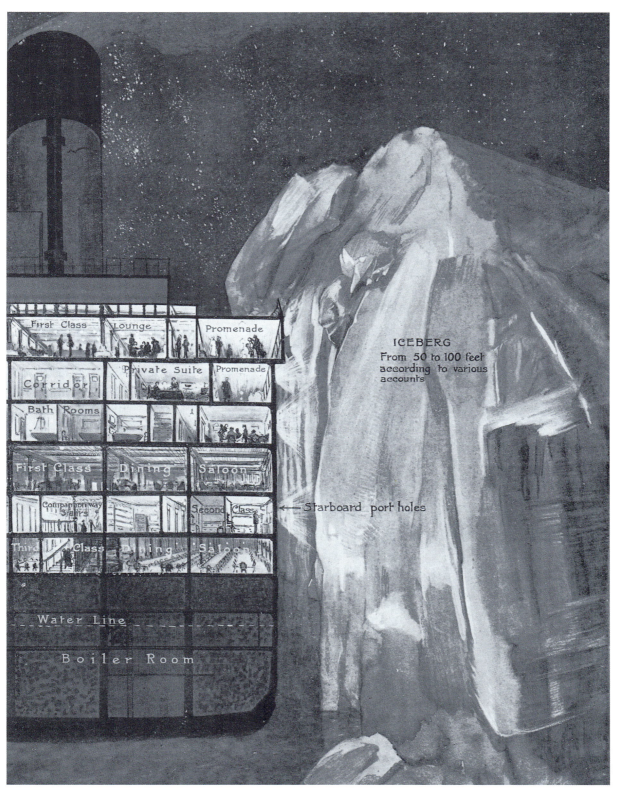

GESTREIFT
Die Befehle des Ersten Offiziers Murdoch verhinderten einen Frontalzusammenstoß. Dennoch lief das riesige Schiff auf den Eisberg auf.

Drittes Kapitel

14. APRIL

21.40 Uhr

Mesaba meldet Eis
42°25'N, 49°W bis 50°30'W. Warnung nicht
an die Brücke weitergegeben.

vor, trotz möglicher Probleme weiterzufahren. Wer zu vorsichtig war, wurde verachtet. Kapitän James Barr von der *Caronia* hatte den Spitznamen „Foggy", da er beim ersten Anzeichen von Dunst die Geschwindigkeit reduzierte.

Um 22 Uhr übernahm der Erste Offizier Murdoch von Lightoller die Brücke und bemerkte die Kälte. Die Lufttemperatur war unter Null Grad gesunken, und die Wassertemperatur betrug nun –0,5°C. Auf Lightollers Befehl hatten die Ausguckposten Archie Jewell und George Symons die letzte halbe Stunde nach Eis Ausschau gehalten. Als Reginald Lee und Frederick Fleet sie also auf dem engen Krähennest, 15 Meter über der Back auf dem Vordermast, ersetzten, wurde dieser Befehl an sie weitergegeben. Bevor Lightoller an Murdoch übergab, meinte er: „Wir können jederzeit zum Eis kommen." Damit beendete er seine Wache und übergab.

Im Inneren der *Titanic* begann man, sich auf die Nacht vorzubereiten. An Sonntagen wurde auf Schiffen der White Star Line nicht getanzt, und so waren die meisten Passagiere um 23 Uhr in ihren Kabinen. Da Colonel Gracie von dem hektischen Tag erschöpft war und auch früh aufstehen mußte, entschuldigte er sich und verließ um 21.30 Uhr den Speisesaal der ersten Klasse. Der Aufenthaltsraum der ersten Klasse war nun fast leer, da die Band nicht mehr spielte, und auch im Café Parisien befand sich nur noch eine Gruppe um Archie Butt. Die Männer der ersten Klasse, die noch Unterhaltung wünschten, machten sich auf den Weg in die Rauchsalons, wo die Bridgetische aufgestellt waren. Andere ließen sich in ihren großen Lederstühlen zurücksinken und lasen. In einer Nacht wie dieser waren sie nur dankbar, daß es warm war.

Im Funkraum war Jack Phillips mit dem Schiffsverkehr am Cape Race beschäftigt, als er um 23 Uhr

plötzlich durch ein lautes Signal von der nahen *Californian* unterbrochen wurde, die funkte: „Wir sind von Eis umgeben und können nicht weiter." Über die laute Unterbrechung verärgert gab Phillips zurück: „Ruhe. Sie stören mein Signal. Ich bin beschäftigt. Ich arbeite gerade an Cape Race." Bevor die *Californian* ihre Position etwa 32 Kilometer nördlich der *Titanic* bekanntgeben konnte, wurde sie rüde unterbrochen. Der Funker der *Californian*, Cyril Furmstone Evans, wartete geduldig eine weitere Viertelstunde, bevor er aufgab.

Ein drohender dunkler Schatten

Mit sechs professionellen Ausguckposten hatte die *Titanic* mehr als alle anderen Schiffe. Sie arbeiteten zu zweit zwei Stunden lang und hatten dann vier Stunden Pause. Im Krähennest sprachen Lee und Fleet nur wenig, während sie das Meer nach Anzeichen einer Gefahr absuchten und dabei verzweifelt versuchten, sich warm zu halten. Sie hatten nur noch 30 Minuten Dienst und freuten sich bereits auf ihre warmen Kojen. Außerdem nahm ihre Arbeit ihre gesamte Aufmerksamkeit in Anspruch. Kurz nach 23.30 Uhr sahen Lee und Fleet einen dunklen Schatten am Horizont. Einige Minuten später, um 23.40 Uhr, spähte Fleet nochmals in die Dunkelheit und sah seinen schlimmsten Alptraum in Form eines drohenden, schwarzen Flecks aufsteigen. Ohne ein Wort zu seinem Kollegen läutete er die 40 Zentimeter große Messingglocke im Krähennest dreimal und nahm das Telefon zur Brücke zur Hand. Der Sechste Offizier James Moody hob ab. Fleets Meldung war erschreckend kurz: „Eisberg vor uns." „Danke!", antwortete Moody.

In der Dunkelheit konnte Fleet sehen, wie die zackige Spitze des Eisbergs immer näher an den Steuerbordbug der *Titanic* herankam. Zeugen meinten, er hätte eine ähnliche Form wie der Felsen von Gibraltar gehabt. Auf der Brücke reagierte William Murdoch auf die Meldung vom Krähennest mit dem Befehl „Hart steuerbord." Unter den damals gültigen Befehlen bedeutete dies, daß der Bug des Schiffs nach backbord schwingen sollte. Gleichzeitig telegraphierte er an den Maschinenraum: „Stop. Volle

Und die Kapelle spielte weiter

1912 14. APRIL	22.00 Uhr	22.30 Uhr	23.00 Uhr
	Lufttemperatur 0°C. Ausguckposten Lee und Fleet beginnen ihren Dienst am Krähennest.	*Wassertemperatur fällt auf –0,5°C.*	*Die* Californian *versucht vor dem Eis zu warnen, wird aber abgeschnitten, bevor sie ihre Position durchsagen kann.*

Fahrt achter." Umsichtig drückte er zehn Sekunden auf den Klingelknopf, um alle unten zu warnen, daß er die viel gerühmten wasserdichten Türen schließen wollte. Dann zog er den Hebel, der sie automatisch schloß. Aber es war bereits zu spät. Später meinte man, daß Fleet den Eisberg weniger als 500 Meter entfernt entdeckt hatte. Die *Titanic* hatte aber im Probelauf 850 Meter benötigt, um stehenzubleiben, wenn sie mit 20 Knoten fuhr. Als sie auf das Eisfeld zufuhr, fuhr sie mit 22,5 Knoten und elf Metern pro Sekunde. Es war unmöglich, rechtzeitig zu stoppen. Murdochs Handeln verhinderte einen

„EIN LEICHTER SCHLAG, EIN LEICHTES ZITTERN"
Der Aufprall der Titanic, *die mit 22,5 Knoten fuhr, riß große Stücke vom Eisberg, von denen einige auf das vordere Welldeck fielen.*

Drittes Kapitel

14 APRIL

23.40 Uhr

Die Titanic kollidiert mit dem Eisberg.

EIN SCHMALER RISS
Der Riß im Rumpf der Titanic war nur 3,6 Quadratmeter groß, doch befand er sich über dem vielgepriesenen Doppelboden des Schiffs. Er beschädigte fünf ihrer angeblich wasserdichten Abteilungen.

Frontalzusammenstoß, und kurze Zeit, als der Bug des Schiffes sich vom näher kommenden Eisberg abwandte, sah es so aus, als ob man einen Zusammenstoß abwenden könnte. Doch war keine Zeit, mehr als zwei Grad Backbord zu drehen. So konnte er nicht verhindern, daß das Schiff den Berg streifte, was das Schlimmste war, wie sich später herausstellte. Nur 40 Sekunden nach Frederick Fleets Warnung kündigte ein unheilvolles Kratzen das Ende der *Titanic* an.

Der Eisberg war mindestens 22 Meter über dem Wasser, als er auf die Steuerbordseite traf und die Menschen an Bord des Schiffes winzig erscheinen ließ. Er beschädigte die ersten 100 Meter des Rumpfes unter der Wasserlinie. Große Stücke Eis fielen auf das vordere Welldeck. Als der Berg mittschiffs war, befahl Murdoch das Rad hart nach backbord zu drehen, um das Heck abzudrehen. Der Berg ging am Heck vorbei und trieb still ab.

„Ein reißendes und schneidendes Geräusch"

Viele Passagiere hatten von der Kollision nichts bemerkt, und einige verschliefen sie sogar. James Johnson, ein Steward im Speisesaal der ersten Klasse, sagte: „Ich fühlte nicht viel, und wir dachten, das Schiff hätte das Ruder oder etwas ähnliches verloren. Jemand meinte: „Schon wieder ein Trip nach Belfast." (eine außerplanmäßige Reparatur).
Lady Duff Gordon machte sich in Kabine A20 gerade für die Nacht bereit. Sie beschrieb den Aufprall, als ob „jemand mit einem riesigen Finger an der Seite des Schiffes entlangfahren würde". Eine andere Passagierin der ersten Klasse, Mrs. J. Stuart White in Kabine C32, beschrieb den Vorfall ebenso blumig wie abwertend: „Es schien kein großer Aufprall zu sein.

Es war, als ob wir über tausend Murmeln fuhren."
In der Kabine D56 der zweiten Klasse wachte der junge Lehrer Lawrence Beesley auf, doch fühlte er „nicht mehr als einen weiteren Ruck der Maschinen, und die Matratze, auf der ich lag, tanzte mehr als sonst. Aber sonst war nichts – es war kein Geräusch

eines Aufpralls zu hören, man fühlte ihn auch nicht. Nichts deutete darauf hin, daß ein schwerer Körper auf einen anderen gestoßen war."

J. Bruce Ismay wachte durch die Kollision ebenfalls auf, doch nahm er an, daß das Schiff ein Propellerblatt verloren hatte. Able Seaman Joseph Scarott dachte, es wäre „nur ein Zittern", während der Trimmer Thomas Dillon, der im Maschinenraum Dienst hatte, nur „einen leichten Stoß" fühlte. Andere an Bord beschrieben ein Kratzen oder Scharren. Martha Stephenson schlief in der ersten Klasse, als sie durch ein „schreckliches Kratzen mit einem Reißen und Schneiden aufwachte, das einige Momente andauerte". Der Ausguckposten George Symons meinte: „Ich wachte von einem mahlenden Geräusch am Boden auf. Erst dachte ich, das Schiff hätte den Anker und die Kette verloren, die nun am Boden entlangschlitterten." Und der Zweite Offizier Lightoller erinnerte sich an „einen leichten Stoß, ein schwaches Zittern und ein mahlendes Geräusch".

Das Wasser strömt herein

Im Kesselraum Nummer sechs, an der Steuerbordseite des Schiffs, wo der Erste Heizer Frederick Barrett ein Donnergeräusch hörte, sah die Sache allerdings anders aus. Ein Wasserschwall strömte durch einen engen Schlitz in der Seite des Schiffes, etwa 60 Zentimeter über dem Boden des Heizraums, herein. Da die wasserdichten Türen geschlossen waren, mußte er über die Notleiter des Kesselraums vor dem Wasser fliehen.

Im Rauchsalon der ersten Klasse war die Rettung geordneter. Durch die Kollision fiel das Getränk eines Kartenspielers um, und jeder sprang auf. Die Neugierigeren traten auf das Promenadendeck um nachzusehen. Hier bemerkte jemand aufgeregt: „Wir haben einen Eisberg gerammt – da ist er!"

Innerhalb einer Minute nach der Kollision war Kapitän Smith bereits auf der Brücke. „Wo sind wir aufgelaufen?", fragte er Murdoch.

„Auf einen Eisberg, Sir", antwortete dieser. „Ich ließ hart nach steuerbord fahren, die Maschinen drehen und hart nach backbord um den Berg herumfahren, doch das Schiff war zu nahe. Ich konnte nichts mehr machen."

„Sind die wasserdichten Türen geschlossen?"

„Sie sind bereits zu, Sir."

Der Vierte Offizier, Joseph Boxhall, war ebenfalls auf die Brücke gestürmt. Smith befahl ihm, unten auf der Steuerbordseite nach vorne zu gehen, das Ausmaß des Schadens zu erkunden und ihm dann so schnell wie möglich Bericht zu erstatten. Auf dem Weg verständigte Boxhall alle anderen Offiziere, die zur Brücke hinaufeilten. Ismay war ebenfalls hierher gekommen, da er wissen wollte, was los war. Wie befohlen, berichtete Boxhall 15 Minuten später, daß über Deck F keinerlei Anzeichen eines Schadens wären, doch daß das Orlopdeck (das unterste) vor dem wasserdichten Schott Nummer vier überschwemmt wäre, und daß die fünf Postbeamten, die dort im Postraum arbeiteten, die Postsäcke auf das darüberliegende G-Deck brächten.

Ihre Bemühungen waren umsonst, wie sich zeigen sollte. Um Mitternacht, als Kapitän Smith und Thomas Andrews von Harland & Wolff nach unten gingen, um den Schaden selbst zu begutachten, schwammen die Postsäcke bereits im Wasser. Andrews erkannte sofort, daß die *Titanic* verloren war, und gab ihr höchstens zwei Stunden, vielleicht auch nur noch eine Stunde. Das unsinkbare Schiff war kurz davor unterzugehen.

Der steinharte Eisberg, der unsichtbar unter der Wasseroberfläche lauerte, hatte sich in den Rumpf der *Titanic* gerammt und auf der Steuerbordseite über dem doppelten Boden die Stahlplatten zehn Meter weit aufgerissen. Dabei brachen fünf der angeblich wasserdichten Abteilungen. Die *Titanic* konnte mit zwei überschwemmten Abteilungen schwimmen, aber fünf waren einfach zu viel. Obwohl nur 3,6 Quadratmeter des Rumpfes aufgerissen waren, war dies genug, um das Schiff zu sinken. Das Problem konnte zu den Querschotten zurückverfolgt werden. Diese senkrechten Unter-

„WO SIND WIR AUFGELAUFEN?", *fragte Kapitän Smith auf der Brücke. Er hatte sich zwei Stunden vor der Kollision für die Nacht zurückgezogen.*

Drittes Kapitel

	00.05 Uhr	00.10 Uhr	00.15 Uhr
15. APRIL	*Kapitän Smith befiehlt, die Rettungsboote flott zu machen und die Besatzung und die Passagiere zu versammeln.*	*Der Vierte Offizier Boxhall schätzt die Position der* Titanic *auf 41°46'N, 50°14'W.*	*Die* Titanic *funkt erstmals um Hilfe. Die Lichter eines anderen Schiffes werden etwa neun Kilometer entfernt gesichtet.*

teilungen waren nicht hoch genug, so daß der Bug des Schiffes nach unten ging und sich auch die danebenliegenden Abteilungen mit Wasser füllten. Dadurch wurde der Bug noch weiter nach unten gezogen, und das Schiff sank schließlich. Nur zehn Minuten nach der Kollision war der Wasserstand in den ersten fünf Abteilungen auf vier Meter über dem Kiel gestiegen. Fünf Minuten nach Mitternacht war der Boden des

SOS
Eines der Schiffe, die den Notruf der **Titanic** *erhielten, war die* **Birma.**

Squashcourts, der einen Meter über dem Kiel lag, naß, und das Wasser strömte auch in den Kesselraum Nummer fünf, die sechste wasserdichte Abteilung. Das große Schiff neigte sich bereits nach vorne. Kapitän Smith wußte, daß keine Zeit zu verlieren war. Um 00.05 Uhr ließ er die Besatzung antreten und die Rettungsboote flott machen. Währenddessen deckten die Stewards, die nichts vom Ernst der Lage wußten, wie üblich in den Speisesälen die Tische für das baldige Frühstück.

Notruf

Kaum hatte der Vierte Offizier Boxhall Bericht über den Schaden erstattet, mußte er die Position des Schiffes berechnen. Er kam auf 41°46'N, 50°14'W, aber das war nur eine grobe Schätzung. Boxhall schrieb die Koordinaten auf ein Stück Papier, das Kapitän Smith zum Funker Phillips trug. Dieser bekam den Befehl, das internationale Notsignal CQD („Come Quick, Danger!") mit der Position der *Titanic* zu senden.

Der erste Notruf wurde um 00.15 Uhr gesendet und vom französischen Schiff *La Provence*, dem kanadischen Schiff *Mount Temple* und der Landstation auf Cape Race empfangen. Doch gab es in jener Nacht viele Meldungen, so daß die Position des Schiffes durch die Störungen falsch verstanden wurde. Um 00.25 Uhr wurde die Position der *Titanic* unter der Kennung MGY auf die berechneten Koordinaten korrigiert. „Sofortige Hilfe. Auf Eisberg aufgelaufen. CQD. Position 41°46'N, 50°14'W."

In 92 Kilometer Entfernung beendete der 21jährige Harold Thomas Cottam gerade seine Arbeit als einziger Funker an Bord des Schiffes *Carpathia* der Cunard Line, das auf dem Weg ins Mittelmeer war. Eigentlich war Cottam bereits seit sieben Uhr früh des vorherigen Tages im Dienst. So überrascht es nicht, daß er bettreif war und seine Station bereits vor einer halben Stunde geschlossen hätte, wenn er nicht auf die Bestätigung einer Meldung hätte warten müßte, die er an den Passagierdampfer *Parisian* geschickt hatte. Er vertrieb sich die Zeit damit, der Landstation auf Cape Cod zuzuhören, die eine Reihe von Meldungen für die *Titanic* hatte. Als er also die Frequenz der *Titanic* geortet hatte und einen ruhigen Moment erwischte, fragte er Jack Phillips, ob er wüßte, daß Meldungen auf ihn warteten. Cottam hatte kaum geendet, als ihm Phillips die schlechten Neuigkeiten übermittelte.

„Soll ich meinen Kapitän verständigen?", fragte Cottam aufgeregt. „Braucht ihr Hilfe?"

„Ja, kommt schnell!", antwortete Phillips.

Cottam verständigte auf schnellstem Weg die Brücke und dann Kapitän Arthur Henry Rostron, der soeben zu Bett gegangen war. Rostrons ursprüngliche Verärgerung darüber, daß Cottam in seine Kabine stürzte, wandelte sich in Horror, als er die gesamte Tragweite der Nachricht erkannte. Rasch und überlegt mobilisierte er seine Männer, und bald raste die *Carpathia* zur Rettung der *Titanic*.

Da auf der *Titanic* kein Lautsprechersystem war, drangen die Neuigkeiten nur langsam zu den Passagieren durch. Die ersten erfuhren von den Stewards, die an ihre Kabinentür klopften und ihnen die Schwimmwesten anlegen halfen, von dem Drama, das sich ereignete. Als sich die Passagiere am vorderen Eingang zur ersten Klasse zu versammeln begannen, spielten dort Wallace Hartley und die Schiffsband, die sich kurz nach Mitternacht hier eingefunden hatte. Und als sich die Passagiere auf das Promenaden- und Bootsdeck begaben und für die Evakuierung bereit machten, nahm die Band vor der Turnhalle ihren Platz ein. Sie spielten unbeschwerte Ragtime-Rhythmen, um die Passagiere bei Stimmung zu halten und ihnen das Gefühl zu geben, daß alles unter Kontrolle und kein Grund für Panik sei. Kapitän Smith wußte es natürlich besser – es war ihm schmerzlich bewußt, daß die Rettungsboote nur für 1.178 der 2.207 Menschen, die angeblich in jener Nacht an Bord der *Titanic* waren, ausreichten.

Chaos und Verwirrung

Smith befahl, die Frauen und Kinder zuerst zu retten. Das galt vor allem für die Backbordseite; an der Steuerbordseite durften auch Männer in die Rettungsboote, falls keine Frauen warteten. Die Besatzung des Schiffes zeichnete sich beim Beladen und Herablassen der Boote nicht sehr aus. In einigen Bereichen wurde nur allzu deutlich, daß sie nur unzureichende Ausbildung besaßen. Das galt vor allem für die Bedienung der neuen Welin-Davits. Nur wenige Besatzungsmitglieder schienen die Nummer ihrer Bootsstation zu kennen. Jeder bekam ein Boot zugeteilt (sie sollten die Passagiere in Sicherheit rudern), doch scheint es, als ob viele von ihnen sich nicht um die aufliegenden Listen gekümmert hätten – oder, wenn sie sie gelesen hatten, hatten sie die Instruktionen wieder vergessen.

Die hochrangigen Offiziere wollten die Boote nur halb gefüllt ins Wasser lassen (sie fürchteten, daß sie das volle Gewicht nicht aushalten würden) und dann zu den großen Gangwaytoren auf der Seite rudern, um weitere Passagiere aufzunehmen. Doch die Männer, die die Türen öffnen sollten, verschwanden, und die Tore blieben geschlossen. Um etwa 00.45 Uhr schoß Boxhall die erste Notrakete ab, was er dann alle fünf Minuten wiederholte. Kurz schien es, als ob die Gebete der *Titanic* erhört würden, denn die Lichter eines anderen Schiffes waren etwa neun Kilometer backbord zu sehen. Mit Ferngläsern hatte Boxhall zuerst die beiden Topplichter eines Schiffes gesehen, als er zur Brücke zurückkam, nachdem er die Position der *Titanic* im Funkraum durchgegeben hatte. Als er nun die erste Rakete abfeuerte, sah er ein Schiff näher kommen. Kurz danach konnte er bereits mit freiem Auge das rote Backbordlicht und die grüne Steuerbordlampe ausmachen. Unter anderen sah auch Kapitän Smith auf der Brücke die Lichter. Er befahl

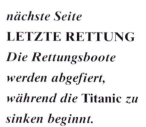

UND DIE KAPELLE SPIELTE WEITER
Um 2.10 Uhr spielten Wallace Hartley und die Musiker der Titanic *ihre letzte Melodie, bevor sie sanken.*

nächste Seite
LETZTE RETTUNG
Die Rettungsboote werden abgefiert, während die Titanic *zu sinken beginnt.*

Drittes Kapitel

15. APRIL	00.25 Uhr	00.45 Uhr	1.40 Uhr
	Der Hilferuf wird von der Carpathia *der Cunard Line empfangen.*	*Erste Notrakete abgefeuert. Erstes Rettungsboot, Nummer sieben, abgefiert.*	*Letzte Notrakete gefeuert. Geheimnisvolles Schiff dreht ab.*

„*Dann werden sie alle ertrinken.*"

☆

Boxhall und dem Quartiermeister George Rowe, das andere Schiff über Morselampe zu kontaktieren und weiter Raketen abzufeuern. Die verzweifelten Versuche waren vergeblich. Eine Stunde später drehte das mysteriöse Schiff von der *Titanic* ab, bald war es in der Dunkelheit verschwunden. Mit ihm schwanden die Hoffnungen.

Als die erste Leuchtrakete abgefeuert wurde, wurde auch das erste Rettungsboot, Nummer sieben, auf Befehl des Ersten Offiziers Murdoch von der Steuerbordseite der *Titanic* ins Wasser gelassen (Boote mit ungerade Zahlen lagen an Steuerbord, die mit geraden Zahlen an Backbord). Es faßte 65 Personen, doch fuhr es mit höchstens 28 Menschen an Bord davon. Unter den ersten Geretteten waren die beiden Ausguckposten George Hogg und Archie Jewell und die Passagierin der ersten Klasse, Mrs. Helen Dickinson Bishop. Vor allem Hogg wurde von Frau Dickinson Bishop für seine Umsichtigkeit gelobt. Viele Passagiere wollten um diese Zeit nicht mehr in die Rettungsboote steigen. Sie nahmen an, daß sie am Schiff völlig sicher wären. Die Wärme des hell erleuchteten Luxusdampfers war wohl angenehmer als die Aussicht, in einem kalten Holzboot auf den dunklen Wogen des Nordatlantiks zu schaukeln.

Tatsächlich hätte Boot Nummer vier als erstes abfahren sollen, doch war die Verzögerung typisch für das Chaos an Bord. Es war als erstes Boot fertig, und um etwa 00.30 Uhr befahl Kapitän Smith dem Zweiten Offizier Lightoller, es mit Passagieren vom Promenadendeck (A-Deck), und nicht vom Bootsdeck anzufüllen, da dieses für die Frauen und Kinder sicherer war. Auf dem darüberliegenden Bootsdeck warteten einige der einflußreichsten Passagiere der ersten Klasse auf ihre Rettung – die Astors, Wideners, Carters, Thayers und Ryersons mit Anhang. Als sie von dem geänderten Plan hörten, gingen sie gehorsam nach unten. Doch der Passagier Hugh

Woolner erinnerte Kapitän Smith daran, daß die Glasfenster am Promenadendeck geschlossen waren. Smith, der das Schiff mit der *Olympic* verwechselt hatte, wo das Promenadendeck offen war, befahl die Rückkehr zum Bootsdeck. Wieder oben angelangt, war das Rettungsboot bereits zum Promenadendeck abgelassen, wie ursprünglich angeordnet. Lightoller meinte nun, daß es einfacher wäre, die Fenster zu öffnen, als das Boot wieder nach oben zu schaffen, und so wurden die Passagiere wieder zum Promenadendeck geschickt. Die Frauen, die als Schutz vor der kalten Nachtluft in Pelzmänteln gehüllt waren, schienen dieses Chaos erstaunlich gelassen hingenommen haben. Nur Mrs. Thayer soll bemerkt haben: „Sie haben uns hier heraufgeschickt, und jetzt müssen wir wieder hinunter!". Es sollte noch eine weitere Stunde dauern, bis das Boot Nummer vier endlich abgefiert wurde.

Mut in der Krise

Um 00.55 Uhr wurde Boot Nummer fünf als zweites abgefiert. 41 Passagiere, darunter mehrere Männer, wurden unter die Leitung des Dritten Offiziers Herbert Pitman gestellt. Da sich J. Bruce Ismay nützlich machen wollte, beschloß er, einzugreifen und die Passagiere an Bord zu drängen. Dann befahl er dem Fünften Offizier Harold Lowe enthusiastisch, „Aussetzen, aussetzen!" Lowe war darüber nicht begeistert und sagte seinem Arbeitgeber fest, sich nicht einzumischen. „Sie wollen, daß ich das Boot schnell aussetze?", fragte er. „Dann werden sie alle ertrinken." Nach dieser Zurechtweisung stahl sich Ismay ohne ein Wort davon.

Als Dr. Henry William Frauenthal sah, daß seine Gattin einen Platz in Rettungsboot Nummer fünf einnahm und daneben freie Sitze waren, beschloß er, daß er und sein Bruder Isaac sich um diese bemühen sollten. Als das Boot zu Wasser gelassen wurde,

Und die Kapelle spielte weiter

„AUSSETZEN, AUSSETZEN!"
Die Evakuierung der Titanic war chaotisch. Zu Beginn wurden die Rettungsboote nur halb voll abgefiert, da die Passagiere entweder annahmen, daß es an Bord sicherer war oder sich überhaupt keiner Gefahr bewußt waren. Die Titanic hatte kein Lautsprechersystem, um sie zu warnen. Erst am Ende brach Panik aus, und die Menschen kämpften um Plätze in den Rettungsbooten.

sprangen die Brüder vom Deck ins Boot. Leider landete der Doktor auf Mrs. Annie Stengel, einer weiteren Passagierin der ersten Klasse. Er brach ihr dabei zwei Rippen, sie war kurz bewußtlos.

Als Boot Nummer fünf abfuhr, wurde auch Boot sechs mit nur 28 Menschen an Bord von der Backbordseite 21 Meter tief abgefiert. Alle Passagiere waren Frauen, außer einem italienischen blinden Passagier mit gebrochenem Arm und zwei Besatzungsmitgliedern – dem Ausguckposten Frederick Fleet, dem Mann, der den fatalen Eisberg entdeckt hatte, und dem Quartiermeister Robert Hichens. Auf diesem wackeligen Boot entstand die Legende der „unsinkbaren Molly Brown". Frau

Drittes Kapitel

Brown war sicher eine energische und pragmatische Frau. Sie sah es als ihre Aufgabe, das Ruder in die Hand zu nehmen und Lösungen zu finden. Nachdem sie einige ihrer zaghaftesten Freunde in das Boot verfrachtet hatte, wollte sie eben sehen, wo sie sich noch nützlich machen konnte, als sie von zwei Bekannten, Edward Calderhead und James McGough, auf das Rettungsboot sechs verfrachtet wurde. Nachdem sie über einen Meter gefallen war, merkte sie schnell, daß an Bord nicht genug Männer zum Rudern waren, und rief nach einem erfahrenen Ruderer. Major Arthur Peuchen, ein erfahrener Segler, meldete sich. Der Major hatte in seiner Kabine eine Schachtel mit Wertpapieren im Wert von 60.000 Pfund zurückgelassen, doch meinte er weise, daß warme Kleidung wichtiger wäre als Geld. Bevor das Boot abfuhr, gab Kapitän Smith Hichens die Anweisung, in Richtung des geheimnisvollen

„DIE UNSINKBARE MOLLY BROWN"
Sie ließ sich durch einen Schiffbruch nicht die Laune verderben.

Schiffes zu rudern, das noch zu sehen war. Doch im Wasser weigerte sich Hichens standhaft zu rudern und überließ diese Aufgabe Fleet und Peuchen. (Andere Boote hatten mit Besatzungsmitgliedern Probleme, die nicht rudern konnten, da sie nicht richtig ausgebildet worden waren. Zusätzlich wurden manche Boote ohne die nötige Ausrüstung – ein Licht, Wasser und Kekse – zu Wasser gelassen.) Fleet und Peuchen versuchten wacker, das Boot zu bewegen, doch waren sie einfach nicht stark genug. Molly Brown zog ihre Schwimmweste aus und begann zu rudern. Ihre Bemühungen bewogen einige andere Frauen, Hand anzulegen, und gemeinsam lenkten sie das Boot aufs Meer. Später trafen sie auf Boot 16 und nahmen einen Heizer auf, der furchtbar unter der Kälte litt. Frau Brown rettete dem Mann das Leben, indem sie ihm ihren Pelzmantel gab. Sie war eine bemerkenswerte Frau.

Als nächstes lud Boot drei etwa 50 Menschen, darunter 15 Besatzungsmitglieder – weit mehr, als zum Rudern nötig waren. Da nicht genug Frauen und Kinder in der Nähe waren, erlaubte Murdoch Männern zuzusteigen. Zehn machten dies, doch andere – darunter die Passagiere der ersten Klasse Charles M. Hays, Howard Case, Thornton Davidson und Washington Augustus Roebling II – halfen galant den Damen ins Boot und traten dann zur Seite. Alle vier sanken mit der *Titanic*.

Angst und Ärger

Der Bug der *Titanic* sank nun sichtbar so weit, daß das Wasser bereits gegen das Namensschild schlug. Diejenigen, die noch an Bord waren, erkannten, daß das Schiff verloren war. Verwirrung, Ärger und Angst ersetzten nun die ruhige Gelassenheit. Nun wollten alle Menschen auf die Rettungsboote, die aber die Offiziere noch immer nicht ganz anfüllen wollten, da sie fürchteten, sie wären zu schwach. Harland & Wolff hatten aber Tests durchgeführt, bei denen gleiche Boote mit 65 Erwachsenen an Bord zu Wasser gelassen worden waren. Kapitän Smith und seinen Kollegen war dies offenbar nicht bekannt.

Boot Nummer eins auf der Steuerbordseite wurde um 1.10 Uhr abgefiert. Es faßte 40 Personen, durfte aber mit nur zwölf Menschen an Bord abfahren – sieben Besatzungsmitgliedern und fünf Passagieren. Verantwortlich für das Boot war Ausguckposten George Symons, der in 200 Metern Entfernung warten und bei Bedarf zurückkommen sollte. Unter den Passagieren waren Sir Cosmo und Lady Duff Gordon sowie deren Sekretärin Laura Francatelli. Sir Cosmo hatte bereits einige Zeit nach einem Boot gesucht, auf dem sie alle drei Platz hatten, und als sich die Möglichkeit bot, mußte man ihn nicht zweimal fragen. Es wurde viel über Sir Cosmos Feigheit in jener Nacht spekuliert. Nachdem die *Titanic* gesunken war, und viele Menschen im eisigen Wasser ertranken oder erfroren, schlug man vor, daß dieses Boot zurückkehren und Überlebende bergen sollte. Doch scheint diese Idee verworfen worden zu sein, und als bei der britischen Untersuchung der Tragödie ans Licht kam, daß Sir Cosmo jedem der sieben Besatzungsmitglieder fünf Pfund geboten hatte, wurde dies als Bestechung gedeutet, mit der das Boot an einer Rückkehr gehindert werden sollte. So sollte verhindert werden, daß das Boot mehr Menschen aufnahm und dadurch vielleicht kenterte. Die Baroneß behauptete dagegen, daß das Geld als Ersatz für die verlorenen Habseligkeiten gedacht war. Sir Cosmo zerbrach an den Gerüchten.

Boot Nummer acht wurde ebenfalls um 1.10 Uhr abgefiert, und hier ereignete sich eine der dramatischsten Szenen der Nacht. Isidor und Ida Straus sahen zu, wie man Frauen ins Boot half. Als Mrs. Straus zum Einsteigen aufgefordert wurde, lehnte sie mit der Begründung ab, daß sie sich nicht von ihrem Ehemann trennen wollte. „Wir lebten gemeinsam, so werden wir auch gemeinsam sterben." Auf die Bemerkung, daß niemand einem älteren Herren wie Mr. Straus einen Platz verwehren würde, antwortete er nobel: „Nein. Ich möchte keine Bevorzugung." So blieben sie zurück und blickten ihrem Schicksal entgegen, nachdem sie die Abfahrt von Mrs. Straus' Zofe, Ellen Bird, beobachtet hatten, die mit Tränen in den Augen die Pelzstola ihrer Herrin als Abschiedsgeschenk angenommen hatte. 39 Menschen wurden auf Boot acht gerettet. Darunter war die furchtlose Gräfin Rothes, die die Verantwortung über die Pinne übernahm und beim Rudern half.

Molly Brown zog ihre Schwimmweste aus, nahm ein Ruder und begann zu rudern.

☆

2.05 Uhr	2.17 Uhr	2.18 Uhr
Das letzte Rettungsboot, Notboot D, wird ausgesetzt.	*Letztes Funksignal gesendet.*	*Lichter fallen aus.*

Die Zeit wird knapp

Um etwa 1.15 Uhr kippte die *Titanic* plötzlich von steuerbord nach backbord. Sie wurde immer instabiler, und das Deck neigte sich immer mehr, was die Evakuierung zusätzlich erschwerte. Während der ganzen Zeit spielte die Kapelle.

Zwei weitere Boote, neun und zehn, wurden um 1.20 Uhr mit 56 bzw. 55 Personen an Bord abgefiert – ein Hinweis auf die erhöhte Unruhe an Bord des sinkenden Schiffes. Der Bäckermeister der *Titanic*, Charles Joughin, beförderte kleine Kinder über den 1,5 Meter breiten Spalt zwischen dem Rettungsboot und der Seite des sinkenden Schiffs.

Boot elf legte um 1.25 Uhr mit 70 Personen an Bord ab, knapp danach Boot 13 mit 64 Passagieren, 14 mit 63 und 15 mit 70, vor allem Frauen und Kindern der dritten Klasse. Die Situation war nun so verzweifelt, daß die Offiziere die Boote ganz beluden. Erste Zeichen wirklicher Panik brachen unter denen aus, die zurückblieben, und der Fünfte Offizier Lowe mußte Warnschüsse abzugeben, um die Männer daran zu hindern, die Boote zu stürmen. Inmitten des Drängens um Plätze konnte Boot zwölf unbehelligt mit nur 42 Passagieren abfahren, da es offenbar nicht genug Frauen und Kinder gab. Als eine Gruppe von Männern aus der zweiten und dritten Klasse an Bord klettern wollte, wurden sie von den Offizieren zurückgehalten. Laut einem Zeugen schlüpfte ein Franzose ins Boot, als es bereits über das B-Deck abgefiert wurde. Die Besatzung, die mit den Seilen kämpfte, um die Boote so schnell wie möglich ins Wasser zu lassen, verursachte fast eine Katastrophe, als Boot 13 beinahe von Boot 15 versenkt wurde. Für die Menschen, die noch immer an Bord der *Titanic* waren, wurde die Zeit knapp ... und sie wußten es. Notboot C war bereits zu zwei Dritteln voll, als es eine Gruppe von Passagieren stürmen wollte. Der Zahlmeister Herbert McElroy feuerte daraufhin zwei Warnschüsse ab. Als die Männer erschreckt zurücktraten, kletterte J. Bruce Ismay verstohlen in das Boot, das zu Wasser gelassen wurde. Wie Sir Cosmo Duff Gordon wurde auch Ismay später für sein Verhalten kritisiert.

In der Verwirrung schien Lightoller Boot Nummer vier mit seinen wohlhabenden Damen vergessen zu haben. Es wurde schließlich um 1.55 Uhr ausgesetzt, nachdem die feinen Herrschaften bereits durch die aufgebrochenen Fenster auf dem A-Deck geklettert waren. Zuerst wollte man den 13jährigen John Ryerson nicht zu seiner Mutter ins Boot lassen, doch nach Intervention seines Vaters nahm man ihn schließlich mit. Colonel John Jacob Astor half den Frauen und Kindern, darunter seiner schwangeren Frau Madeleine, ins Boot. Da es kaum zwei Drittel voll war, bat Astor, sie begleiten zu dürfen, doch Lightoller blieb fest bei seiner Regel „Frauen und Kinder zuerst". Astor versicherte zwar seiner Frau, er würde in einem anderen Boot folgen, doch wußte er, daß er kaum Chancen hatte zu überleben. Er winkte seiner Braut ein letztes Mal zu, zündete sich eine Zigarette an und ergab sich seinem Schicksal. Als letzte Tat befreite er seinen geliebten Airedale Kitty und die anderen Hunde aus den Hundezwingern auf dem F-Deck. Madeleine Astor sagte später, ihre letzte Erinnerung an die *Titanic* war Kitty, die über das geneigte Deck lief.

Um zwei Uhr war das Wasser nur noch drei Meter unter dem Promenadendeck. Das letzte Rettungsboot, Notboot D, wurde um 2.05 Uhr ausgesetzt. Der Leitende Offizier Henry Wilde und Lightoller waren für die Beladung zuständig. Lightoller zog seine Pistole und ließ die Besatzungsmitglieder eine Barriere gegen die Menschen vom Zwischendeck bilden, die soeben aufs Deck gekommen waren. Man nimmt an, daß Hunderte Männer und Frauen aus der dritten Klasse erst in letzter Minute erschienen,

Und die Kapelle spielte weiter

LEITENDER OFFIZIER HENRY WILDE
Mit dem Zweiten Offizier Lightoller ließ er das letzte Rettungsboot ins Wasser. Lightoller mußte seine Pistole ziehen, um unter den Passagieren Ruhe herzustellen.

weil ihnen der Zugang zu den oberen Decks versperrt worden war, aber das bleibt eine Vermutung. Was auch der Grund für ihre Verspätung gewesen sein mag, als sie schließlich auf das Bootsdeck kamen, war es zu spät. Innerhalb weniger Minuten waren sie vom steigenden Wasser umgeben und wurden in den Tod gespült.

Inmitten der Menschenmasse auf dem Bootsdeck gelang es einem Passagier der zweiten Klasse, Michel Hoffman, seine beiden kleinen Söhne Michel und Edmond durch die Menschenkette hindurch auf einen sicheren Platz im letzten Boot zu bringen. Hoffman hieß eigentlich Navratil, doch reiste er unter falschem Namen von Southampton, da er die Kinder von ihrer Mutter entführt hatte. Als das Boot am freien Ende des Promenadendecks abgefiert wurde, beschlossen Hugh Woolner und ein anderer Passagier der ersten Klasse, Mauritz Hakan

Drittes Kapitel

15. APRIL	2.20 Uhr	3.30 Uhr	4.10 Uhr
	Die Titanic *sinkt.*	*Raketen vom Rettungsschiff* Carpathia *werden von den Überlebenden auf den Rettungsbooten gesichtet.*	*Erstes Rettungsboot, Nummer zwei, wird von der* Carpathia *aufgenommen.*

Bjornstorm-Steffanson, denen das Wasser am Deck bereits über die Füße spülte, einen Sprung ins Wasser zu riskieren. Sie hatten Glück und landeten sicher in dem Boot, das 44 Passagiere an Bord und noch drei freie Plätze hatte.

Tapfere und ergreifende Momente

Als das Ende nahte, wurden überall an Bord mutige Taten gesetzt. Chefsteward Andrew Latimer gab seine Schwimmweste einem Passagier, bevor er die Massenevakuierung bis zu dem Augenblick weiter beaufsichtigte, als er mit dem Schiff unterging. Die 34 Techniker blieben bis zum Schluß auf ihren Posten und hielten die Beleuchtung bis zwei Minuten vor Untergang des Schiffes aufrecht. Sie starben alle. Ebenso bewachten die fünf Postbediensteten, die sich in einem der am ersten überfluteten Bereiche befanden, die Postsäcke, bis es für ihre Rettung und die ihrer kostbaren Fracht zu spät war. Man nimmt an, daß 3.364 Postsäcke und etwa 800 Pakete in dieser Nacht versanken.

Es gab auch ergreifende Momente: Der Bäckermeister Joughin ging nach unten, um einen Schluck Whisky aus seiner eigenen Flasche zu nehmen, und traf auf einen der Schiffsärzte, der dasselbe vorhatte; Archie Butt, Arthur Ryerson, Frank Millet und Clarence Moore beendeten im Rauchsalon der ersten Klasse ihre Kartenpartie, bevor sie um zwei Uhr auf das Bootsdeck gingen; Benjamin Guggenheim und sein Diener Victor Giglio zogen sich Abendkleidung an. Guggenheim meinte: „Wir haben unsere besten Kleider angelegt und sind bereit, wie Gentlemen zu sterben." Thomas Andrews, der Geschäftsführer von Harland & Wolff, saß im Rauchsalon und blickte starr an die Wand, seine Schwimmweste vor ihm liegend; und Colonel Gracie traf auf den Sqashprofi Frederick Wright und sagte im Scherz die halbe Stunde am Court (der bereits bis oben überflutet war) für Montag ab.

LETZTE MOMENTE

„Das Heck der Titanic *hob sich völlig aus dem Wasser und ragte 10, 20 Meter in die Höhe. Dann drehte sich ihr Körper um 45 Grad, und die* Titanic *verschwand langsam."*

Und nicht zuletzt war da die Kapelle, die spielte, bis es keine Hoffnung mehr gab. Um etwa 2.10 Uhr, als sie das Meer bereits verschluckte, informierte Hartley seine Männer, daß sie ihre Pflicht erfüllt hätten und sich retten könnten, wenn sie wollten. Alle acht Männer blieben standhaft und spielten eine letzte Melodie. Durch den Lärm, den die brechenden Maschinen machten, als sie im Meer versanken, und aufgrund der widersprüchlichen Angaben von Augenzeugen weiß niemand, was diese letzte Melodie war. Der Funker Harold Bride berichtete, die Hymne „Autumn" gehört zu haben, als er im Wasser um sein Leben kämpfte, doch war diese

Melodie nicht auf der offiziellen Musikliste von White Star. Und es wurde nicht zu Unrecht gesagt, daß eine Band, die im Dunkeln auf einem abschüssigen, rutschigen Deck spielte, eine Melodie wählen würde, die sie alle kannten. Deshalb gelten eine andere Hymne, „Nearer, My God, to Thee" oder der bekannte Walzer „Songe d'Automne" der auch „Autumn" genannt wurde, als wahrscheinlicher.

Die letzten Momente der *Titanic*

Um 2.17 Uhr begann die *Titanic* mit voller Beleuchtung und 1.500 Menschen an Bord unterzugehen. Als der Bug mit vielen Menschen unter den Wellen verschwand, sandten Jack Phillips und Harold Bride, die bis zum bitteren Ende an ihren Posten geblieben waren, den letzten Hilferuf aus. Kapitän Smith bat seine Männer: „Helft Frauen und Kindern, und schaut auf euch."

Eine Minute später flackerte die Schiffsbeleuchtung und ging aus. Diese Nacht war mondlos, so daß nur die Sterne die Überlebenden begleiteten. Als sich Passagiere und Besatzung verzweifelt an die Reling klammerten, hob sich das Heck der *Titanic*, bis das große Schiff etwa 30 Sekunden lang beinahe senkrecht stand. Innen im Rumpf krachte fast alles, was nicht niet- und nagelfest war – die gesamte luxuriöse Einrichtung, das Geschirr und Besteck – mit ohrenbetäubendem Lärm gegeneinander. Um 2.20 Uhr fiel das Heck schließlich wieder ins Wasser zurück. Zwei der vier Schornsteine brachen ab und sandten Rußwolken in die klare Nacht. Es gab mehrere Explosionen, und der versunkene vordere Teil des Schiffs brach vom Heck ab. Schließlich verschwand auch das Heck unter der Wasseroberfläche und begann seine 3.800 Kilometer lange Reise zum Meeresgrund.

Vom Wasser aus beobachtete der Zweite Offizier Lightoller das Ende der *Titanic*, als er und etwa 30 weitere Personen sich an das kieloben treibende Notboot B klammerten. In der Eile, alle Boote vor Untergang des Schiffes auszusetzen, war keine Zeit geblieben, die Notboote A und B loszumachen, die am Dach der Offiziersquartiere festgemacht waren,

und beide wurden ins Meer gespült, als das Wasser die Decks überschwemmte. Die Offiziere Wilde und Murdoch hatten als letztes versucht, das Boot B freizumachen, doch nachdem es kieloben ins Wasser gefallen war, schaffte es keiner der beiden, an Bord zu klettern. Zwei, denen es gelang, die relative Sicherheit eines umgedreht treibenden Bootes zu erreichen, waren Lightoller und Colonel Gracie. Beide wurden vom sinkenden Schiff ins Wasser gerissen und von einem Luftzug, der durch einen Ventilator austrat, wieder in die Höhe gewirbelt. Es gelang ihnen, zu einem Boot zu schwimmen.

Nachdem der Funker Harold Bride über Bord gegangen war, war er etwa 45 Minuten lang in einem Lufteinschluß unter Boot B gefangen. Es

DIE LETZTE MELODIE
Der Heldenmut von Wallace Hartleys Kapelle auf der **Titanic** *ist heute ebenso legendär wie ihre letzte Melodie. Bezüglich der letzten Melodie sind die Zeugenaussagen widersprüchlich.*

Drittes Kapitel

MIT DEM SCHIFF GESUNKEN?
Angeblich erreichte Kapitän Smith das Notboot B und kehrte auf das Schiff zurück. Auf alle Fälle wurde seine Leiche nie gefunden.

vorhergehende Seite
SCHRECKLICHER ANBLICK
Dieses Bildnis zeigt die Rettungsboote vor der sinkenden **Titanic.**

gelang ihm schließlich, sich zu befreien, doch mußte er noch mindestens eine halbe Stunde im Wasser verbringen, bevor ihn Boot zwölf aufnahm. Seine Knöchel waren offen und blau, seine Füße mit Frostbeulen übersät, doch er überlebte. Sein Kollege Jack Phillips hatte weniger Glück. Er verließ das Schiff in der letzten Minute und schaffte es irgendwie, Boot B zu erreichen, doch starb er mitten in der Nacht an Unterkühlung.

Mit Whisky gestärkt mußte auch Charles Joughin eine Ewigkeit im eisigen Wasser verbringen, bevor ihn Boot B entdeckte. Zuerst wurde er abgewiesen, doch schließlich wurde er aufgenommen, da Plätze von anderen frei wurden, die über Bord gingen und im Wasser an Übermüdung und Unterkühlung starben. Das Schicksal von Kapitän Smith ist ungeklärt, da man seine Leiche nie fand. Es heißt, daß er zuletzt ein Kind in den Armen hielt; andere wiederum meinen, daß er Boot B erreichte und dann auf das sinkende Schiff zurückkehrte. Die verläßlichsten Augenzeugenberichte besagen jedoch, daß er auf der Brücke blieb, bis das Schiff versank.

UNTERGANG WIE IM TRAUM
„Langsam, ganz langsam schien das Wasser auf uns zuzukommen... Deck nach Deck verschwand. Man merkte kein Schlingern, Knirschen oder Mahlen."
– EIN ÜBERLEBENDER

Hilfe naht

Laut dem britischen Bericht retteten sich 50 Personen auf die letzten beiden Notboote. Der Steward der ersten Klasse, Edward Brown, schaffte es zu Boot A, nachdem er vom Bootsdeck geschwemmt worden war. Später erzählte er, wie die Menschen im Meer um einen Platz im Boot kämpften. Ihm selbst wurden die Kleidung von sterbenden Menschen vom Körper gerissen, die seinen Platz ergattern wollten. Für Würde war hier kein Platz. Die Notboote A und B wurden schließlich von einer Gruppe Rettungsbooten unter der Leitung des Fünften Offiziers Harold Lowe aufgenommen, dessen Geistesgegenwart einigen Menschen das Leben rettete. Er band fünf Boote aneinander und stellte in Boot 14 Mast und Segel auf, um schneller zur *Carpathia* zu gelangen. Die ganze Zeit über nahm er Überlebende aus dem Wasser auf. Als Boot A gerettet wurde, waren bereits mehr als 30 Zentimeter Wasser an Bord. Die Lebenden wurden an Bord von Lowes Boot gezerrt. Die Toten – und das waren zumindest drei – blieben im Notboot, das in die Nacht abtrieb. Das Gebiet nahe der Untergangsstelle war mit Sesseln und Holzstücken übersät, die in letzter Minute in der Hoffnung, sie könnten als Flöße dienen, ins Wasser geworfen worden waren. Weiter entfernt trieben die Rettungsboote – einige halb leer, andere überladen. Unter dem Sternenhimmel sah man manchmal Köpfe im Wasser. Man hörte schwache Hilferufe. Bald wurden die Köpfe weniger und die Rufe schwächer, als die erschöpften Körper den Elementen nicht mehr trotzen konnten. Die Glücklichen an Bord der Boote hatten bereits einmal dem Tod getrotzt, doch würden sie nun, zusammengekauert, um sich zu wärmen, die Nacht überleben? Würden sie rechtzeitig gerettet? Sie blickten regelmäßig zum Horizont und beteten, daß ein Schiff auftauchen möge. Zum Glück für die über 700 Menschen, die in jener Nacht um ihr Leben kämpften, war die *Carpathia* in guten Händen. Kaum hatte Kapitän Rostron die Nachricht von den Schwierigkeiten der *Titanic* erhalten, organisierte er seine Besatzung, um beste Hilfe leisten zu können. Die Gemeinschaftsräume und Kabinen des Schiffes wurden für die Überlebenden vorbereitet, die heißen Kaffee und Nahrung bekommen sollten. Tragbare Lichter und Netze wurden an der Seite des Schiffes angebracht, um das Einsteigen zu erleichtern.

AUGENZEUGE

Mit nur einem Bademantel bekleidet sprang der Banker Robert W. Daniel aus Philadelphia zwei Minuten vor Untergang des Schiffes von Bord.

„Erst fünf Minuten vor Untergang kam die schreckliche Erkenntnis, daß das Ende nahte. Die Lichter wurden schwach und gingen aus, doch wir konnten sehen. Langsam, ganz langsam schien die Wasseroberfläche auf uns zuzukommen, was mir auch nach Anlegen der Schwimmweste wie ein Traum vorkam. Deck nach Deck verschwand.

Man merkte kein Schlingern, Knirschen oder Mahlen. Die Titanic sank einfach. Ich war hoch oben auf einem der Decks, als ich sprang. Um mich waren viele andere im Wasser. Mein Bademantel schwamm davon, und mir war eiskalt. Ich schwamm sofort los. Als ich mich umwandte, sah ich sofort die vielen Menschen auf dem Deck der Titanic. Hunderte blickten hilflos dem Tod ins Auge.

Ich sah Kapitän Smith auf der Brücke. Meine Augen schienen ihn zu fixieren. Das Deck, von dem ich gesprungen war, war bereits überschwemmt. Das Wasser stieg langsam und war nun auf Höhe der Brücke. Dann reichte es Kapitän Smith bereits bis zur Hüfte. Ich sah ihn nie wieder. Er starb als Held.

Der Bug des Schiffs war nun weit unter Wasser, und ich sah nur noch die vier riesigen Schornsteine und die beiden Masten. Alles war schnell vorüber. Das Heck stieg völlig aus dem Wasser und ragte 10, 20 Meter in die Luft. Dann drehte sich der Rumpf um 45 Grad und langsam verschwand die Titanic."

Drittes Kapitel

	8.10 Uhr	8.30 Uhr	8.50 Uhr
15. APRIL	*Letztes Boot, Nummer zwölf, wird gerettet.*	*Die* Californian *erreicht die Höhe der* Carpathia.	*Die* Carpathia *fährt mit den Überlebenden nach New York ab.*

Die Passagiere der Carpathia *erkannten als erste Außenstehende das volle Ausmaß der Tragödie.*

☆

Die *Carpathia* raste zu der Stelle, die von der *Titanic* zuletzt durchgegeben worden war. Sie übertraf dabei ihre bekannte Höchstgeschwindigkeit von 14,5 Knoten um drei Knoten. Kapitän Rostron lenkte sie sicher durch die Eisberge und befahl ab drei Uhr früh, Raketen im Abstand von 15 Minuten abzufeuern, damit die Überlebenden wußten, daß Hilfe nahte. Eine Stunde später sah man in 300 Metern Entfernung ein grünes Licht im Wasser. Es war Rettungsboot Nummer zwei. Zehn Minuten später begannen die erschöpften, doch erleichterten Überlebenden unter der Führung des Vierten Offiziers Boxhall an Bord der *Carpathia* zu klettern. Für die Männer wurden Leitern und Netze über die Seite geworfen, während die Frauen in Schlingen und die Kinder in Leinensäcken hochgezogen wurden. Der Alptraum war vorüber ... für einige.

In den nächsten vier Stunden wurden Überlebende von der *Carpathia* aufgenommen. Als letztes wurde Boot Nummer zwölf unter der Führung des Zweiten Offiziers Lightoller mit über 70 Menschen an Bord gerettet. Da das Boot unter dem Gewicht der Menschen tief im Wasser lag, fürchtete Lightoller, es könnte von der *Carpathia* übersehen werden. Er mußte mehrmals mit seiner Seemannspfeife pfeifen, um Aufmerksamkeit zu erregen. Schließlich wurde der Hilferuf gehört, und um 8.30 Uhr legte das kleine Boot neben dem Linienschiff an. Lightoller selbst kletterte als letzter über die Leiter – er war der letzte Überlebende.

Die Passagiere der *Carpathia* standen stumm an Deck, als die Überlebenden an Bord kletterten. Sie erkannten als erste Außenstehende das volle Ausmaß der Tragödie. Kapitän Rostron ließ die Passagiere der *Titanic* zählen und kam auf 705. Auf der offiziellen Liste der White Star Linie, die am 20. April veröffentlicht wurde, waren 757 Überlebende, während der britische Untersuchungsgerichtshof 711

nannte. Niemand weiß genau, wie viele Menschen gerettet wurden oder wie viele an Bord waren, als die *Titanic* sank. Man sagt, daß über 2.200 Personen an Bord waren und mehr als 1.500 starben.

Sicher ist, daß es den Passagieren der ersten Klasse deutlich besser erging als den Menschen am Zwischendeck. Laut der britischen Untersuchung wurden 62 Prozent der Passagiere der ersten Klasse gerettet, 41 Prozent der zweiten Klasse, 38 Prozent der dritten Klasse und nur 24 Prozent der Besatzung.

Kapitän Rostron verhängte eine Nachrichtensperre, was zu verzerrten Berichten und Verwirrung führte. In ersten Meldungen war zu lesen, daß alle Passagiere gerettet werden konnten. Nur das Schwesterschiff der *Titanic*, die *Olympic,* wurde informiert, und so konnte Kapitän Haddock von der *Olympic* erst am Montag um 18.16 Uhr New Yorker Zeit White Star das Sinken des Schiffes bestätigen: „*Carpathia* erreichte bei Tagesanbruch die Position der *Titanic*. Fand nur Boote und Wrack. *Titanic* um etwa 2.20 Uhr auf 41°46'N, 50°14'W gesunken. Alle Boote gezählt. Etwa 675 Menschen gerettet, Passagiere und Besatzungsmitglieder, erstere vor allem Frauen und Kinder. *SS Californian* der Leyland Line bleibt und sucht Unglücksstelle ab. *Carpathia* kehrt mit Überlebenden nach New York zurück; bitte Cunard informieren. Haddock.“

Auf dem Rückweg nach New York, der durch das Gewicht der Passagiere verzögert wurde, wurde die *Carpathia* um Nachrichten bedrängt. Man trug Harold Bride vom Schiffsspital, wo man seine Frostbeulen behandelt hatte, hinauf, um Harold Cottam im Funkraum zu unterstützen. Cottam hatte seit beinahe 30 Stunden nicht geschlafen. Sie mußten die Listen der Überlebenden über die Landstation oben auf dem Kaufhaus Wanamaker's in New York, wo sie vom 21jährigen Funker David Sarnoff empfangen wurden, in die Welt senden. Während dieser Arbeit

Und die Kapelle spielte weiter

AUGENZEUGE

Mrs. Daniel Warner Marvin aus New York war auf Hochzeitsreise. Ihr Ehemann starb bei dem Unglück.

"Als ich in das Boot gesetzt wurde, rief er mir zu: ‚Alles in Ordnung, Kleines. Fahre du nur. Ich bleibe.' Als unser Boot ausgesetzt wurde, warf er mir einen Kuß zu. Ich sah ihn nie wieder."

„FRAUEN UND KINDER ZUERST"
Für viele Überlebende war dies das abrupte Ende ihres Familienlebens und ihrer Beziehungen.

ignorierten Bride und Cottam alle anderen Bitten um Information, gleichgültig woher sie kamen. Sogar eine persönliche Anfrage von Präsident Taft über das Befinden seines Freundes Archie Butt blieb unbeantwortet.

Sternschnuppen - oder weiße Raketen?

An der Unglücksstelle suchte die *Californian* unter ihrem Kapitän Stanley Lord aus Bolton vergeblich nach Überlebenden. Ihr spätes Auftauchen vor Ort machte aus dem Schiff den Bösewicht, da es die Theorie gibt, daß sie viele der Opfer retten hätte

Drittes Kapitel

AUGENZEUGE

Alfred White, ein Fetter im Maschinenraum, beschrieb die Situation wie folgt.

„Ich war auf dem Runddeck am Bug und rief den Ausguckposten, der mich ablösen sollte, als das erste Eis an Bord flog. Die Kollision öffnete die Nähte unter der Wasserlinie, doch zerkratzte sie nicht einmal die Farbe über der Linie. Ich weiß das, weil ich unter denen war, die mit einer Laterne die Seite untersuchten.

Ich ging um 00.45 Uhr in den Maschinenraum. Wir machten sogar Kaffee, also dachten wir nicht an Gefahr. Eine Stunde später arbeitete ich noch immer an den Lichtmaschinen. Ich hörte, wie der Cheftechniker einem seiner Untergebenen sagte, daß Schott Nummer sechs nachgegeben hatte. Um diese Zeit begannen die Dinge schlecht auszusehen. ...Man befahl mir, nach oben zu gehen und die Lage zu prüfen, und so ging ich über einen blinden Schornstein zum Brückendeck. Obwohl bereits alle Boote das Schiff verlassen hatten, waren im Maschinenraum nach alle an ihren Plätzen. Ich stand nahe beim Kapitän und hörte, wie er sagte: ‚Nun Burschen, jeder rettet sich nun selbst.'"

MOMENT DER TRENNUNG
„Die Männer standen daneben und warteten in völliger Stille ... Die Boote wurden dann nach außen geschwungen und abgesenkt."

können. War sie das geheimnisvolle Schiff, das von der Brücke der *Titanic* gesehen wurde?

Die *Californian* war ein Frachtschiff mit einer Tonnage von 6.223 und einer Geschwindigkeit von etwa 13 Knoten, das 1901-2 in Dundee, Schottland, für die Liverpooler Leyland Line gebaut worden war. Sie verließ Liverpool am 5. April 1912 in Richtung Boston mit gemischter Fracht, ohne Passagiere. Kapitän Lord verdoppelte am 14. April um 20.00 Uhr aufgrund des Eises in der Umgebung seine Ausguckposten. Mehr als zwei Stunden später sah er Eis schimmern, und um 22.21 Uhr befahl er, die Maschinen abzustellen und das Ruder hart nach backbord zu drehen, so daß das Schiff nach Nordosten zeigte. Da sie von Treibeis umgeben waren, beschloß Lord, die Nacht in der Position zu verbringen, die er mit 42°5'N, 50°7'W berechnete. Vergleicht man die Berechnungen des Vierten Offiziers Boxhall auf der *Titanic*, so lag die *Californian* nur 30 Kilometer nördlich der *Titanic*, als diese auf Eis auflief.

Bei Verlassen der Brücke bemerkte Lord ein Licht im Osten, das er für ein näherkommendes Schiff hielt. Er sah es kurz danach nochmals und fragte, ob andere Schiffe in der Nähe wären. Der Funker Cyril Evans antwortete: „Nur die *Titanic*."

Lord dachte aber, daß das Licht von einem kleineren Schiff als der *Titanic* stammte. „Kontaktieren Sie sie trotzdem", befahl er Evans, „und teilen Sie ihr mit, daß wir von Eis umgeben sind." Evans tat dies, doch wurde er von Jack Phillips unterbrochen, bevor er die genaue Position durchgeben konnte. Da er seit sieben Uhr früh Dienst tat, beschloß er, schlafen zu gehen. Als die *Titanic* die *Californian* dringend brauchte, war diese über Funk nicht zu erreichen.

Um 23.30 Uhr war laut Lord das grüne Steuerbordlicht des anderen Schiffes etwa acht Kilometer entfernt zu sehen, doch alle Versuche, es mit Morselampe zu kontaktieren, waren vergeblich. Um Mitternacht übernahm der Zweite Offizier Herbert Stone den Ausguck. Er hielt es für ein kleines Trampschiff. Der Heizer Ernest Gill ging gegen Mitternacht an Deck und sah dagegen einen sehr großen Dampfer, der etwa 16 Kilometer entfernt mit voller Geschwindigkeit fuhr. 40 Minuten später sah Gill eine weiße Rakete aus etwa dieser Position, die sieben oder acht Minuten später von einer zweiten gefolgt wurde. „Ich dachte, es wäre eine Sternschnuppe", gab er zu Protokoll. „Es war nicht meine Aufgabe, die Brücke oder die Ausguckposten zu verständigen ... Ich ging gleich darauf schlafen."

Der Zweite Offizier Stone sah ebenfalls weiße Blitze am Himmel – insgesamt fünf. Er dachte, sie würden aus der Richtung des geheimnisvollen Schiffes kommen. Um 1.15 Uhr berichtete er Kapitän Lord von seinen Beobachtungen, der ihm befahl, weiter mit der Morselampe Signale zu geben. Wieder gab es keine Antwort. Während sich Lord ausruhte, kam Offiziersanwärter James Gibson zu Stone auf die obere Brücke. Er richtete sein Fernglas auf das fremde Schiff und sah eine sechste Rakete – einen weißen Blitz, gefolgt von weißen Sternen. Zwei weitere folgten kurz danach, die letzte um 1.40 Uhr. Die beiden diskutierten den Grund. „Ein Schiff schießt nicht ohne Grund Raketen auf See ab", bemerkte Stone. Gibson stimmte zu und überlegte, ob dies Zeichen für „irgendwelche Probleme" wäre. Sie bemerkten, daß sich das Schiff nach steuerbord zu neigen schien und daß die Lichter auf dem Achterdeck höher zu sein schienen als zuvor. „Sie sieht seltsam aus", meinte Stone. Gibson antwortete: „Es sieht aus, als ob ein großer Teil aus dem Wasser ragte." Um etwa zwei Uhr war nur noch das Hecklicht des anderen Schiffes zu sehen. Stone sagte, daß sie nach Südwesten abdrehte. Allerdings war ihr grünes Licht nicht zu sehen, was der Fall gewesen sein müßte, wenn sie in diese Richtung fuhr. Gibson gab später an, sie wäre um 2.05 Uhr verschwunden, doch Stone sagte, daß ihre Lichter erst um etwa 2.20 Uhr verschwanden. War das geheimnisvolle Schiff gesunken, nicht weggefahren? Hatten Stone und Gibson den Untergang der *Titanic* beobachtet? Stone befahl Gibson, Kapitän Lord zu wecken und ihn zu informieren, daß das andere Schiff acht weiße Raketen abgefeuert hätte. Lord sagte später, daß er geschlafen hatte und sich nicht erinnerte, diese Information erhalten zu haben. Er wußte nur, daß Gibson die Tür öffnete und sie sofort wieder schloß.

„Ich dachte, es wäre eine Sternschnuppe. Es war nicht meine Aufgabe, die Brücke oder die Ausguckposten zu verständigen."

☆

AUGENZEUGE

Der 8jährige Marshall Drew reiste mit seinem Onkel Jim und seiner Tante Lulu und erinnerte sich bis zu seinem Tod im Jahr 1986 an jedes Detail jener Nacht.

„Als die Titanic auf den Eisberg auflief, war ich im Bett. Doch war ich wach und erinnere mich an den Ruck und daß sich das Schiff nicht mehr bewegte. Ein Steward klopfte an die Kabinentür und sagte uns, daß wir uns anziehen, die Schwimmwesten anlegen und zum Bootsdeck gehen sollten. Das taten wir auch ... Als wir vorbeigingen, versuchte der Steward, andere Passagiere zu wecken, die sich für die Nacht eingeschlossen hatten. Da die Lifte nicht funktionierten, gingen wir zum Bootsdeck. Alles war ruhig und gelassen. Ein Offizier hatte die Leitung. Er sagte ‚Frauen und Kinder zuerst!', als er das Rettungsboot Nummer elf beladen ließ. Es gab viele tränenreiche Abschiede. Wir verabschiedeten uns von Onkel Jim ... Das Aussetzen des Rettungsbootes aus über zwei Meter Höhe war gefährlich. Die Davits und Seile funktionierten nicht richtig, so daß erst ein Ende des Boots auf und ab schwankte. Ich glaube, das war das einzige Mal, daß ich Angst hatte. Die Rettungsboote fuhren ein Stück von der sinkenden Titanic weg, da man vor dem Sog Angst hatte ... Wir konnten nur sehen, wie die Luken der Titanic Reihe um Reihe im Meer verschwanden. Als die Titanic endgültig sank, war alles ruhig, bis die Tonnen an Maschinen zum Bug krachten ... Als dies passierte, wurden viele Hunderte Menschen ins Meer gespült. Ich werde wohl nie die Schreie dieser Menschen vergessen, die im Minus zwei Grad kalten Wasser umkamen ... Bis dahin war ich als typisch britischer Junge erzogen worden. Als ‚kleiner Mann' durfte man nicht weinen. So legte ich mich auf den Boden des Rettungsboots und schlief ein. Als ich aufwachte, war heller Tag, und wir näherten uns der Carpathia. Wir schienen in der Arktis zu sein. Um uns herum waren überall riesige Eisberge."

Der französische Bildhauer Paul Chevre sprach von der Zeit bis zur Rettung.

„Als unser Boot etwa 800 Meter vom Schiff entfernt war, bot sich uns ein unwirkliches Schauspiel. Die Titanic war hell erleuchtet und stand wie eine phantastische Bühnendekoration still. Die Nacht war klar, und das Meer ruhig, doch es war unglaublich kalt. Nun begann das riesige Schiff am Bug zu sinken, und die Menschen, die an Bord geblieben waren, erkannten zu ihrem Schrecken, in welcher Situation sie waren. Plötzlich gingen die Lichter aus, und ein lauter, gemeinsamer Hilfeschrei erfüllte die Luft. Stück für Stück sank die Titanic, und drei Stunden lang waren die Angstschreie zu hören. Für kurze Zeit hörten die Hilferufe auf, und wir dachten, es wäre alles vorüber, doch dann begannen sie um so lauter von neuem. Wir ruderten nur, um den Todesschreien zu entkommen. In unserem kleinen Boot waren wir halb erfroren, da wir das Schiff ohne Mäntel oder Decken verlassen hatten. Von Zeit zu Zeit riefen wir, um Aufmerksamkeit zu erregen, doch erhielten wir keine Antwort. In unserem Boot feuerte ein deutscher Baron alle Patronen seines Revolvers ab. Diese schreckliche Ungewißheit dauerte viele Stunden lang, doch endlich tauchte die Carpathia auf. Wir jubelten, und alle Boote im Wasser fuhren auf sie zu."

Zweieinhalb Stunden später, bei Tagesanbruch, war ein Dampfer mit vier Masten und einem gelben Schornstein 13 Kilometer von der *Californian* entfernt zu sehen. Kapitän Lord erinnerte sich an die Raketen, die er in der Nacht gesehen hatte, und fragte sich, ob das Schiff Probleme hätte. Er befahl Evans, das Schiff über Funk zu kontaktieren. Sobald er sein Funkgerät aufgedreht hatte, informierte ihn der deutsche Dampfer *Frankfurt* über das Unglück. Evans informierte seinen Kapitän, und dieser befahl sofort, die Maschinen zu starten und die Besatzung zu benachrichtigen. Die *Californian* setzte sich knapp nach sechs Uhr in Bewegung und erreichte, durch das Eis aufgehalten, die Position der *Titanic* etwa 90 Minuten später. Da weder Wrack noch Rettungsboote zu sehen waren, konnte die *Californian* erst nach Kontaktieren der *Carpathia* wirklich Hilfe leisten. Doch dann war es zu spät.

Landung der Überlebenden und Begräbnis der Toten

Als die *Californian* vergeblich nach Überlebenden suchte, mußte die *Carpathia* auf dem Weg nach New York Nebel und Gewitter trotzen. Sie kam am Donnerstag, dem 18. April, in den Abendstunden an. Zu dieser Zeit hatte die Weltpresse das Ausmaß des Unglücks bereits erkannt, und die Büros von White Star in New York und Southampton wurden um Neuigkeiten bedrängt. Doch viele der Namen, die die *Carpathia* durchgab, waren ungenau oder falsch und hatten nur wenig Ähnlichkeit mit den Personen an Bord. Freunde und Verwandte glaubten erst, daß ihre Angehörigen lebten, als sie sie selbst sahen. So versammelten sich mehr als 10.000 Menschen, um die *Carpathia* zu empfangen. Diese Zahlen wurde von frühen Vertretern der Sensationspresse in die Höhe getrieben, die Exklusivstorys kaufen wollten. Als die erschöpften Überlebenden am Kai ihren Angehörigen in die Arme fielen, gingen die verschiedenen Klassen wieder getrennte Wege. Die

18. APRIL 1912

21.25 Uhr

Die Carpathia *legt mit den Überlebenden in New York an.*

MARTYRIUM VORÜBER
Als die letzten Rettungsboote der **Titanic** *von der* **Carpathia** *aufgenommen wurden, waren sie neun Stunden im eisigen Wasser getrieben.*

Drittes Kapitel

Passagiere der ersten Klasse, wie die Witwen von Charles Hays, George Widener und die Thayers, reisten mit Privatzügen ab. Andere blieben in den besten Hotels der Stadt. Die Überlebenden der dritten Klasse, von denen viele alles in dem Unglück verloren hatten, schlichen dagegen an Land und wußten nicht, wo sie die Nacht verbringen sollten. Zum Glück stellte ihnen White Star für einige Zeit eine Unterkunft zur Verfügung.

Im eisigen Wasser des Nordatlantiks war es die Aufgabe des Kabelschiffs *Mackay-Bennett,* das mit Tonnen von Eis, mehr als hundert Särgen, 40 Einbalsamierern und einem anglikanischen Priester aus Halifax, Nova Scotia, ausgelaufen war, die Leichen zu bergen. Das Schiff kam um 20 Uhr am Samstag, dem 20. April, an der Unglücksstelle an. Am ersten Tag wurden 51 Leichen gefunden, darunter ein zweijähriger Junge, dessen Eintrag einfach besagte: „Nicht identifiziert, kein Nachlaß." Nach über fünf Tagen im Wasser waren viele Leichen entstellt. Alle, die kenntliche Züge oder Merkmale hatten, wurden einbalsamiert zur Identifizierung nach Halifax gebracht. 24 waren so entstellt, daß sie in Säcke gepackt und im Meer begraben wurden. Drei andere Schiffe suchten sechs Wochen lang nach Toten. Insgesamt fand man 328 Leichen, von denen 128 unkenntlich waren. Die meisten (119) wurden im Meer bestattet, doch der kleine Junge wurde nach Halifax gebracht, wo man ihn als „unbekanntes Kind" begrub. Vielleicht war er Gosta Leonard Paulson, der mit seiner Mutter, seinen beiden Schwestern und seinem Bruder, die alle starben, von Southampton abgefahren war.

Leiche Nummer 124 war leicht zu identifizieren – John Jacob Astor. In seinem Hemd fand man am Kragen die Initialen. Zu seinem Nachlaß gehörten eine goldene Uhr, goldene Manschettenknöpfe mit Diamanten, ein Brillantring mit drei Steinen, 225 Pfund in englischen Banknoten, 2.440 Dollar, fünf

WETTLAUF MIT DER ZEIT
Die Carpathia *fuhr mehr als Höchstgeschwindigkeit und mußte durch Eisberge steuern, um die letzte Position der* Titanic *zu erreichen.*

Augenzeuge

Colonel Archibald Gracie sprang vom obersten Deck der *Titanic*, als diese sank.

„Nachdem ich mit dem Schiff gesunken war, schien mich eine starke Kraft durch das Wasser zu treiben. Das waren wohl die Explosionen unter Wasser, und ich erinnerte mich an Erzählungen von Menschen, die zu Tode gekocht wurden. Immer wieder betete ich um Rettung, obwohl ich sicher war, daß ich sterben würde. Ich hatte große Schwierigkeiten, die Luft unter Wasser anzuhalten. Ich wußte, daß mich das Wasser ersticken würde, sobald ich einatmete. War ich unter Wasser, drängte ich mit aller Kraft zur Oberfläche. Nach – wie mir schien – unendlicher Zeit bekam ich endlich wieder Luft. Um mich herum war nur das Meer, Eis und große Teile des Wracks. Um mich stöhnten und weinten sterbende Männer und Frauen herzzerreißend. Ich bewegte mich von einem Teil des Wracks zum nächsten und erreichte endlich ein Korkfloß. Bald war es so voll, daß jeder weitere es zum Sinken bringen würde. Wir mußten daher andere davon abhalten, an Bord zu klettern, um nicht selbst unterzugehen. Das war überhaupt das Schrecklichste und Furchtbarste. Die grauenhaften Schreie der Menschen um uns klingen mir noch in den Ohren, und ich werde sie bis zu meinem Tod nicht vergessen. ‚Bleibe wo du bist!', riefen wir jedem zu, der an Bord wollte. ‚Noch einer mehr, und wir sinken alle!' Viele von denen, die wir nicht aufnahmen, antworteten angesichts ihres Todes: ‚Viel Glück - Gott segne euch!'"

George Brayton reiste in der ersten Klasse.

„Einige von uns genossen die frische Luft und spazierten an Deck. Kapitän Smith war auf der Brücke, als der Ausguckposten das erste Mal schrie, daß vor uns ein Eisberg wäre. Er war etwa einen Meter hoch, als ich ihn sah, und vielleicht 200 Meter vor uns. Kapitän Smith rief einige Befehle ... Einige von uns liefen zum Bug des Schiffes. Als wir sahen, daß wir ihn treffen mußten, rannten wir zum Heck. Dann krachte es, und die Passagiere gerieten in Panik."

Seemann Thomas Jones lobte den Mut der Gräfin Rothes in Rettungsboot Nummer acht.

„Ich sah, wie sie sich verhielt, und wie ruhig und bestimmt sie sprach. Da wußte ich, daß sie mutiger war als die meisten Männer an Bord und übergab ihr das Kommando über die Pinne. An Bord war noch eine zweite Frau, die half und kräftig mitruderte. Sie schlug vor, daß wir singen sollten, und so sangen wir als erstes Lied ‚Pull for the Shore', während wir ruderten. Wir sangen noch immer, als wir die Lichter der Carpathia sahen, doch dann hörten wir damit auf und begannen zu beten."

Drittes Kapitel

DER TAG DANACH
Die Passagiere der Carpathia halfen der Besatzung bei der Versorgung der glücklichen, doch erschöpften Überlebenden der Titanic.

Pfund in Gold, 50 Franc und ein goldener Stift.
In den USA, Großbritannien und Frankreich wurden Messen für die Toten gehalten. Als Wallace Hartleys Leiche in seine Heimatstadt Colne in Lancashire gebracht wurde, kamen Menschen ihm zu Ehren von weit her.

Offizielle Untersuchungen

Als das Bild der Katastrophe immer deutlicher wurde, fragten sich alle, wie das geschehen hatte können. Die bei der Tragödie Angehörige verloren hatten, wollten auch wissen, wer verantwortlich war, und so wurde rasch vom amerikanischen Senat eine Untersuchung unter dem Vorsitz des republikanischen Senators von Michigan, William Alden Smith, durchgeführt. Unterstützt von einer Kommission eröffnete Smith die Untersuchung am 19. April, nur vier Tage nach Untergang der *Titanic*.
Nach 17tägigen Anhörungen füllten die Aussagen und eidesstattlichen Erklärungen der Zeugen 1.145

Und die Kapelle spielte weiter

VERANTWORTLICH FÜR DIE *CARPATHIA* *Kapitän Arthur Rostron (sitzend, Mitte) mit seinen leitenden Offizieren.*

AUGENZEUGE

Der englische Schuldirektor Lawrence Beesley reiste in der zweiten Klasse.

„Als ich mich anzog, hörte ich den Befehl: ‚Alle Passagiere mit angelegten Rettungsgürteln an Deck!'. Wir gingen alle langsam mit den Rettungsgürteln über der Kleidung nach oben, doch auch dann nahmen wir noch an, daß der Kapitän nur vorsichtig war.

Das Schiff lag ganz still, und abgesehen von einer leichten, kaum merkbaren Neigung nach unten gab es keinen Hinweis auf das bevorstehende Unglück. Doch dann sahen wir, wie die Besatzung die Abdeckung von den ihnen zugewiesenen Rettungsbooten nahm und die Seile losmachte, um sie abzusenken. Nun erkannten wir, daß die Lage ernster war als vorerst angenommen. Plötzlich hörten wir den Befehl: ‚Alle Männer zurücktreten. Alle Damen gehen zum unteren Deck!'

Die Männer traten zurück und warteten ganz ruhig. Einige lehnten sich gegen die Reling am Deck, andere gingen langsam auf und ab. Die Boote wurden dann nach außen gedreht und abgesenkt. Als sie auf Höhe des Decks waren, auf dem die Frauen warteten, stiegen diese ruhig und ohne Panik ein.

Nur einige weigerten sich, ihren Ehemann zu verlassen. Einige wurden von ihren Ehemännern weggerissen und in die Boote gestoßen, doch viele durften bleiben, da sie niemand daran hinderte."

Drittes Kapitel

UNTERBROCHENE REISE
Die Carpathia war auf dem Weg ins Mittelmeer, als sie den Notruf der Titanic empfing. Nachdem sie Überlebende aufgenommen hatte, kehrte sie nach New York zurück.

Seiten. Der erste Zeuge war J. Bruce Ismay, der bereits von vielen als idealer Sündenbock angesehen wurde, da er überlebt hatte, während so viele starben. Die nationalistische New Yorker Zeitung *American* veröffentlichte ein Foto von Ismay umgeben von den Bildern der Witwen der Opfern. Die Schlagzeile ließ wenig an Deutlichkeit vermissen: „J. BRUTE ISMAY" (J. „Brutal" Ismay).

Obwohl Ismay merklich erschöpft war, betonte er, daß er „nichts zu verbergen" hätte und versuchte, Gerüchte zu zerstreuen, wonach die *Titanic* einen Rekord bei der Überfahrt hatte aufstellen wollen. Auf die Frage, wie es ihm gelungen wäre, einen Platz in einem Rettungsboot zu finden, wenn so vielen Kunden seiner Firma – darunter Frauen und Kinder – dies nicht gelungen war, antwortete er: „Das Boot war da. Im Boot waren einige Männer, und der Offizier fragte, ob noch Frauen da wären, doch es waren keine Passagiere mehr an Deck. Da das Boot abgefiert werden sollte, stieg ich ein."

Ismay verteidigte sich auch gegen Anschuldigungen, wonach er die beste Kabine auf dem Rettungsschiff *Carpathia* verlangt hätte. „An Bord stand ich mit dem Rücken gegen das Schott. Jemand kam auf mich zu und fragte, ob ich nicht in den Salon kommen und eine Suppe oder etwas zu trinken wollte. Ich antwortete: ‚Nein, ich möchte gar nichts ... Wenn ich nur einen Raum bekommen könnte, wo ich mich ausruhen kann, bitte.' ... Dann nahm er mich mit und gab mir einen Raum. Ich wußte nicht, wessen Kabine das war." Den Raum hatte vorher der Schiffsarzt bewohnt.

Unter den 82 Zeugen waren der Zweite Offizier Lightoller, der Vierte Offizier Boxhall, die Ausguckposten Frederick Fleet, Guglielmo Marconi und Kapitän Lord. Eine der skandalösesten Aussagen kam von Steward George Crowe, der dem Ausschuß erzählte: „Unter den Passagieren waren einige Männer, vielleicht Italiener, sicher aber keine Briten oder Amerikaner, die die Rettungsboote stürmen wollten."

Als auch der Fünfte Offizier Harold Lowe „Italiener" als Synonym für „Feigling" verwendete, mußte er sich beim italienischen Botschafter in den USA entschuldigen.

Obwohl Senator Smith Kapitän Smith sehr kritisch gegenüberstand, respektierte er doch dessen Karriere. „Kapitän Smith", sagte er, „kannte das Meer, und sein waches Auge und seine ruhige Hand führten viele Schiffe durch Gefahren. 40 Jahre lang konnten Stürme weder ihm noch seinem Schiff etwas anhaben ... Jeden neue Schiffstyp, der von seiner Firma gebaut wurde, erhielt er als Belohnung für seine treuen Dienste und als Beweis für das Vertrauen in seine Fähigkeiten. Kräftig, zielstrebig und charakterstark beschritt er als Meister des Kiels das Deck seines majestätischen Gefährts." Senator Smith fuhr ebenso blumig fort, daß der „Wille des Kapitäns zu sterben, Sühne und Beweis für seine Fähigkeit zu leben" waren.

Die Untersuchung endete am 25. Mai. Bis dahin war Senator Smith, der praktisch alle Fragen gestellt hatte, von der amerikanischen Presse bereits als Clown abgetan worden. Er präsentierte dem Senat drei Tage später den Bericht. Darin verurteilte er das britische Handelsministerium wegen der mangelnden Rettungsboote, Kapitän Smith für seine „Gleichgültigkeit gegenüber der Gefahr, sein Selbstvertrauen und sein Versäumnis, auf die häufigen Warnungen seiner Freunde zu reagieren", und vor allem Kapitän Lord für seine Untätigkeit. In dem Bericht stand: „Die Kommission kommt unweigerlich zu der Erkenntnis, daß die *Californian,* die der-

DIE SCHLECHTEN NACHRICHTEN SICKERN DURCH
... doch nicht sofort. Zuerst wurde von White Star gemeldet, daß die **Titanic** *zum Hafen gezogen wurde.*

Drittes Kapitel

VERABSCHIEDUNG EINES HELDEN
Die Geschichte von Wallace Hartley erschütterte die Menschen. Viele erwiesen ihm bei seinem Begräbnis in Colne, Lancashire, die letzte Ehre.

selben Reederei gehört, weniger als 30 Kilometer von der *Titanic* entfernt war, und daß ihre Offiziere und Besatzung die Notsignale der *Titanic* sahen und nicht darauf reagierten, wie es die Menschlichkeit, die internationalen Regeln und die Gesetze verlangen." Das war „sehr verwerflich", und Lord hatte „große Schuld" auf sich geladen.

Der Bericht lobte Kapitän Rostron und enthielt zwei Empfehlungen – für alle Passagiere an Bord sollten Rettungsboote vorgesehen werden, und die Funkanlage sollte 24 Stunden besetzt sein.

Die britische Untersuchungskommission wurde am 2. Mai unter dem Vorsitz des Richters Lord Mersey eingesetzt. Man baute ein großes Modell des gesunkenen Schiffes, um Lord Mersey und seinem fünfköpfigen Team zu helfen, die Ereignisse jener Nacht zu rekonstruieren. Das Handelsministerium stellte unter dem Vorsitz von Staatsanwalt Sir Rufus Isaac eine Liste von 26 Fragen zusammen, die beantwortet werden mußten. Sie betrafen die Bauweise der *Titanic*, die Seefahrt, Eiswarnungen jener Nacht und die Nähe der *Californian*. Als die Untersuchung am 21. Juni beendet wurde, hatte man 25.622 Fragen und Antworten gesammelt.

Besatzungsmitglieder der *Titanic* und der *Californian* erzählten ihre Version der Ereignisse, und Marconi wurde nochmals über die Rolle des Funks bei der Seefahrt befragt. Ismay meinte erneut, daß er keine Kontrolle über die Geschwindigkeit der *Titanic* hatte, was auch Kapitän Rostron bestätigte, der angab, daß sich kein Kapitän auf See – am wenigsten Smith – Vorschriften machen ließe. Über die Eiswarnung befragt, die er eingesteckt hatte, versuchte Ismay jede Schuld abzuweisen und die Entscheidung von Kapitän Smith zu rechtfertigen, die Geschwindigkeit nicht zu reduzieren. Ismay widersprach sich selbst, doch wurde seine Aussage akzeptiert. Er war schließlich kein Seemann.

Auch Sir Cosmo Duff Gordon wurde hart angegriffen und der Bestechung beschuldigt, doch konnte er die Kommission in dieser Angelegenheit überzeugen, obwohl er dafür kritisiert wurde, die Besatzung nicht zum Zurückfahren ermuntert zu haben, um sterbende Menschen aufzunehmen. Die Kommission sprach schließlich, sehr zum Ärger der amerikanischen Presse, die der britischen Aristokratie wenigstens einen Teil der Schuld geben wollte, Ismay und Duff Gordon von jeder Schuld frei. Über Ismay sagte Lord Mersey: „Wäre er nicht in das Boot gesprungen, hätte er die Opferliste nur um einen Namen, nämlich seinen eigenen, verlängert."

Lord Mersey maß den fehlenden Ferngläsern nur wenig Bedeutung bei. In dieser Frage folgte er der Ansicht des Forschers Sir Ernest Shackleton, der als Experte in den Zeugenstand gerufen worden war. Shackleton meinte, daß man mit Ferngläsern nicht das freie Auge ersetzten könne. Ferngläser, sagte er, beschränkten sich meist auf einen Punkt, während die Augen den gesamten Horizont wahrnahmen. „Ich finde, kein Ausguckposten sollte ein Fernglas haben", meinte Shackleton. „Viel eher sollten nur Offiziere welche verwenden, und dann auch nur, wenn etwas in einem bestimmten Bereich am Bug gesehen wurde." Nach dieser Aussage war es nicht überraschend, daß Lord Mersey meinte: „Das Urteil lautet, daß Ferngläser im Krähennest nicht wünschenswert sind." Gutes Sehvermögen schien viel wichtiger.

Die Kommission entschied, daß der Untergang der *Titanic* „aufgrund der großen Geschwindigkeit, mit der sie fuhr, durch die Kollision mit einem Eisberg verursacht worden war". Doch sprach sie Kapitän Smith vom Vorwurf der Fahrlässigkeit frei und meinte, daß er nur nach dem Brauch handelte, bei gutem Wetter nicht aufgrund von Eiswarnungen langsamer zu werden. „Man sagt mir", meinte Lord Mersey, „daß man einem Toten nicht Fahrlässigkeit vorwirft. Er kann sich nicht verteidigen." Die Kom-

IN LIEBEVOLLER ERINNERUNG
Wallace Hartleys Grab

ANSPRÜCHE

Die nationale Gewerkschaft der Matrosen und Feuerwehrmänner zahlte Besatzungsmitgliedern Schiffbruchentschädigung.

Insgesamt 3.464.765 Pfund (16.804.112 Dollar) wurden nach dem Untergang der *Titanic* als Schadenersatz für Menschen und Gepäck gezahlt.

Die größte Forderung kam von Mrs. Charlotte Drake Cardeza, die mit schwerem Gepäck gereist war. Sie stellte eine 14seitige Forderung an die White Star für den Verlust von persönlichen Gegenständen im Wert von 177.352,75 Dollar (36.567 Pfund).

Andere Forderungen waren:

Hakan Bjornstrom-Steffanson (Ölbild von Blondel, „La Circasienne au Bain"): 100.000 Dollar.

William Carter (ein Renault, 35PS): 5.000 Dollar.

Eugene Daly (Dudelsack): 50 Dollar.

Robert W. Daniel (preisgekrönte französische Bulldogge, Gamin de Pycombe): 750 Dollar.

Emilio Portaluppi (signiertes Bild von Garibaldi): 3.000 Dollar.

Edwina Troutt (Marmeladenmaschine): acht Shilling, fünf Pence.

Ella Holmes White (vier Hähne und Hennen): 207,87 Dollar.

mission hatte andere Kapitäne angehört, die angaben, daß sie in dem Glauben durch Nebel oder Eis rasten, daß sie um so schneller aus der Gefahrenzone kämen, je schneller sie fuhren.

Das Handelsministerium kam ebenfalls glimpflich davon. Die Kommission bekannte zwar, daß die britische Rettungsboot-Verordnung hoffnungslos veraltet war, doch ließ sie sich davon beeindrucken, daß das Ministerium bereits vor dem Unglück neue Regelungen erwogen hatte. Wer also war für diese schreckliche Katastrophe verantwortlich? Wie die Amerikaner gaben Lord Mersey und sein Team der *Californian* einen großen Teil der Schuld. „Wir alle stimmen überein, daß die Notraketen, die man auf der *Californian* sah, von der *Titanic* kamen ... Wäre sie bei den ersten Raketen gefahren, hätte sie die *Titanic* rechtzeitig erreicht. Das tat sie aber nicht."

Man empfahl, genug Rettungsboote für alle an Bord bereitzustellen; die Rettungsübungen zu verbessern und zu verstärken; wasserdichte Decks, Längsschotte und hohe Doppelböden in die Schiffe einzubauen; die Ausguckposten regelmäßigen Augentests zu unterziehen; Funk verpflichtend rund um die Uhr einzuführen; die Geschwindigkeit bei Treibeis zu reduzieren, und die Kapitäne zu erinnern, daß es ein Vergehen war, einem anderen Schiff nicht zu helfen.

ZEUGE
Zweiter Offizier Lightoller (Mitte) war einer der 82 Überlebenden, die vor einer Untersuchungskommission des Senats zu dem Unglück aussagten. Ein britische Untersuchung folgte später.

So wurde der Ruf von Personen zerstört oder gerettet, Schuld zugeteilt und abgewiesen. Doch wenn die Betroffenen dachten, daß damit die Untersuchungen zum Untergang der *Titanic* abgeschlossen waren, hatten sie sich getäuscht.

GUGLIELMO MARCONI
Der Hersteller sagte ebenfalls aus.

VIERTES KAPITEL
DAS ERBE DER TITANIC

Noch bevor die Mersey-Kommission ihren Bericht präsentierte, versuchten Filmemacher, mit der dramatischen Geschichte der *Titanic* Geld zu machen. Schließlich hatte sie alles – Heldentaten, Menschlichkeit, Widersprüche und viele Tote. Kein Drehbuchautor in Hollywood hätte eine fesselndere Geschichte erfinden können.

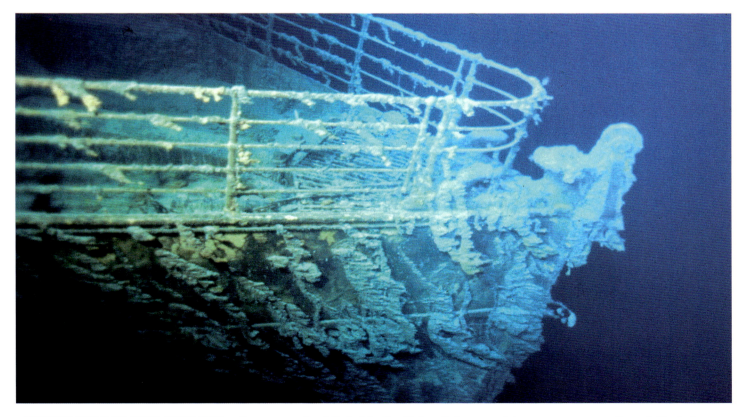

ENTDECKUNG DER *TITANIC*: *„Es war unglaublich. Nach all den Jahren und Anstrengungen ... Bang! Und sie war da!"*

Am 14. Mai 1912, nur einen Monat nach der Tragödie, war die Schauspielerin Dorothy Gibson, die das Unglück überlebt hatte, Co-Drehbuchautorin und Star in dem Stummfilm *Saved from the Titanic*. Das große Geschäft mit der *Titanic* hatte begonnen.

Dorothy Gibson wußte nicht, daß es echte Happy Ends zu ihrem Film gab. Denn zumindest eine Romanze ging auf die Tragödie zurück. Robert Daniel und Mary Eloise Smith, Passagiere der ersten Klasse, überlebten, doch Marys Ehemann, Lucien, starb. Mrs. Smith und Daniel trafen einander auf dem Rettungsschiff *Carpathia*, freundeten sich an und heirateten zwei Jahre später. Und im August 1912 gebar die frisch verwitwete Madeleine Astor eine Sohn. Sie taufte ihn nach ihrem Ehemann, der so würdevoll mit dem Schiff untergegangen war.

Das Schicksal der Hauptakteure

1913 starb J. P. Morgan, der düstere Besitzer der *Titanic*, im Alter von 76 Jahren, und das Pferd Craganour wurde beim englischen Derby disqualifiziert, nachdem es als erster durchs Ziel gegangen war. Besitzer oder Jockeys protestierten nicht gegen den Gewinner, doch die Stewards machten plötzlich auf Eigeninitiative das Pferd Aboyeur, das zweiter geworden war, zum Gewinner. Das Erstaunen legte sich, als durchsickerte, daß Craganour einem gewissen B. Ismay gehörte. Es war tatsächlich Bower Ismay, der jüngere Bruder von Bruce, doch meinte man, daß kein Pferd der Familie Ismay das bedeutendste englische Pferderennen gewinnen könnte. Obwohl J. Bruce Ismay bei der Untersuchung freigesprochen und bei seiner Rückkehr nach Großbritannien herzlich empfangen worden war, hatten einige ihm sein Verhalten auf der *Titanic* nicht verziehen.

Ismay war nach dem Untergang der *Titanic* nicht mehr derselbe Mann. Jeder Pressebericht über die schreckliche Nacht brachte die Erinnerungen zurück. Er trat im Juni 1913 als Vorsitzender der White Star Line zurück, blieb aber in einigen Aufsichtsräten im Hintergrund tätig. Nach dem Ersten Weltkrieg verkaufte er sein Landhaus bei Liverpool und begann, immer mehr Zeit in seinem Anwesen

The Lodge, in Costelloe, Grafschaft Galway, an der irischen Westküste zu verbringen. Obwohl er nun weitaus weniger in der Öffentlichkeit stand als vor der Tragödie, besuchte er weiterhin Konzerte in London, fischte und jagte in Schottland. Weiteres Unglück erlitt er, als The Lodge durch ein Feuer

DOROTHY GIBSON
Ihr Erlebnis auf der **Titanic** *brachte ihr eine Filmrolle ein.*

Viertes Kapitel

„DIE LETZTE NACHT DER *TITANIC*"
Ruislip Reservoir war der Schauplatz in den Szenen mit den Rettungsbooten.

zerstört wurde, doch überwachte er den Wiederaufbau und liebte es, seine Enkel in den Sommerferien aufzunehmen. Ismay zog sich 1934 aus dem Geschäftsleben zurück und wurde zwei Jahre später durch eine Kreislauferkrankung, die eine Amputation seines rechten Beines erfordert hatte, an den Rollstuhl gefesselt. Er starb am 17. Oktober 1937 an einem Schlaganfall.

Die White Star stellte auch sicher, daß kein Offizier der *Titanic* je Kapitän wurde. Sogar Aufsteiger wie

Lightoller und Lowe hatten einen Karriereknick. Lowe wurde Dritter Offizier auf der wenig prestigeträchtigen *Medic*, und nachdem er im Ersten Weltkrieg in der Britischen Marine gedient hatte, verbrachte er die Pension in seiner Heimat Wales. Lightoller diente ebenfalls in der Marine, bevor er wieder zur White Star ging, wo er Leitender Offizier auf der *Celtic* wurde. Nachdem man ihn mehrmals bei der Beförderung übergangen hatte, ging er Anfang der 20er Jahre in Pension und leitete eine Hühnerfarm. 1940 wurde er nochmals kurz berühmt, als seine Jacht *Sundowner* Teil der Flotte der „kleinen Schiffe" in Dunkirk war, und er 131 britische Soldaten vor den Deutschen rettete.

Und was wurde aus den anderen? Anders als J. Bruce Ismay war Sir Cosmo Duff Gordon entschlossen, tapfer durchzuhalten. Er hörte zwar allen Hohn, doch bewahrte er wenigstens in der Öffentlichkeit britische Haltung. Privat lag die Sache jedoch anders. Lady Duff Gordon sagte, daß der Spott ihrem Ehemann „fast das Herz brach". Er starb 1931.

Der andere „Bösewicht", Kapitän Stanley Lord, mußte im August 1912 die Leyland Line verlassen. Sein Schiff schaffte es nicht viel länger – 1917 wurde die *Californian* von einem deutschen U-Boot versenkt (ebenso wie die *Carpathia* ein Jahr später). Lord gelang es, eine Kapitänsstelle bei der Nitrate Producers Steam Ship Company Ltd. mit Sitz in London zu finden, wo er 14 Jahre, bis zu seine Pensionierung im Jahr 1927, blieb. Sofort nach dem Bericht der Mersey-Kommission hatte er versucht, seinen Namen reinzuwaschen, doch als er damit keinen Erfolg hatte, beschloß er, die Dinge ruhen zu lassen. 1958 öffnete jedoch der Film *Die letzte Nacht der Titanic* alte Wunden, und Kapitän Lord versuchte nochmals, seine Unschuld zu beweisen. Hilfe leistete W. Leslie Harrison, der Generalsekretär der britischen Handelsmarine, der frische Beweise zu suchen begann, um das Handelsministerium zum Widerruf der Verurteilung Lords zu zwingen. Bis zu seinem Tod im Jahr 1962 behauptete Lord, daß er das Schiff auch dann nicht rechtzeitig durch das Eis hätte lenken können, um Überlebende aufzunehmen, wenn er gewußt hätte, daß die *Titanic* sank. Schließlich hatte die *Carpathia* bei Tageslicht zweieinhalb Stunden für die Strecke benötigt. Kapitän Lord nahm vor allem Lord Merseys Behauptung übel, daß die *Californian* die *Titanic* gefahrlos

Der Report behauptete, daß die Samson *die sinkende* Titanic *sah.*

☆

Viertes Kapitel

erreicht hätte und so den meisten, wenn nicht allen Menschen das Leben hätte retten können. Noch ungerechter war, daß Kapitän Lord nur als Zeuge vor den britischen Untersuchungsausschuß gerufen wurde und sich nicht gegen die Anschuldigungen verteidigen konnte.

Unbeeindruckt von Lords Tod arbeitete Harrison weiter. Es wurde großteils angenommen, daß sich andere Schiffe in der Nähe aufhielten, als die *Titanic* sank, doch blieb zumindest eines davon bis 1962 unbekannt. Damals wurde endlich ein vertraulicher Bericht des 50jährigen Henrik Naess, des Ersten Offiziers des norwegischen Schiffes *Samson*, veröffentlicht. In diesem Bericht, der ursprünglich den norwegischen Behörden vorgelegt worden war, behauptete er, daß die *Samson* die untergehende *Titanic* und ihre Notraketen sah, doch nicht half, da sie illegal vor der Südostküste Kanadas Robben jagen sollte. Der Kapitän dachte, die Raketen wären von einem Schiffereischutzboot gekommen und sollten die *Samson* warnen. Anstatt zu warten und den Grund herauszufinden (die *Samson* hatte keinen Funk), drehte das Schiff ab und eilte nach Norden davon. War die *Samson* das geheimnisvolle Schiff, das man von der sinkenden *Titanic* aus sah?

1965 reichte Leslie Harrison einen Antrag beim Handelsministerium ein, wurde aber abgewiesen. Er versuchte es drei Jahre später nochmals, aber mit demselben Erfolg, obwohl er zu diesem Zeitpunkt neue Beweise vorlegen konnte. Lawrence Beesley, ein Überlebender und Verfasser des Buches *Tragödie der Titanic: Letztes Geheimnis gelüftet*, mit dem wohl besten Augenzeugenbericht über den Untergang, wurde bei der Untersuchung nicht befragt. 1963 machte er eine eidesstattliche Erklärung über die Zeit und Anzahl der Notraketen, die von der *Titanic* abgeschossen wurden. Er sagte, er hätte „etwa acht Notraketen gesehen" und fügte hinzu: „Ich verließ das Schiff in Rettungsboot Nummer 13, und ich bin mir sicher, daß die letzte Rakete abgefeuert wurde, bevor dieses Rettungsboot nach dem Abfieren von der *Titanic* wegfuhr."

Das Rettungsboot Nummer 13 hatte die *Titanic* um etwa 1.30 Uhr verlassen, doch die Besatzung der

MELODRAMA
Die meisten Filme über dieses Thema spielen mit den Emotionen des Publikums, wie auch diese Szene aus **Titanic** *1953.*

FILME ÜBER DIE TITANIC

Die *Titanic* spielte in zahlreichen Filmen und TV-Serien eine Gastrolle.

1965 In der ersten Episode von Irwin Allens Science Fiction Abenteuer *Time Tunnel* versuchen die Wissenschaftler James Darren und Robert Colbert den Lauf der Geschichte zu ändern, indem sie auf dem Deck der *Titanic* landen.

1973 In der britischen TV-Serie *Das Haus am Eaton Place* findet Lady Bellamy auf der *Titanic* den Tod.

1981 Terry Gilliams Film *Time Bandits* aus dem Jahr 1981 enthält eine Reise durch Zeit und Raum und bringt einen Schüler und seine Freunde ins Frankreich zur Zeit Napoleons, ins Alte Rom und an Deck der *Titanic*.

1989 Im Film *Ghostbusters II* kehrt die *Titanic* als Geisterschiff mitsamt ihren Geisterpassagieren zurück.

Das Schiff kommt auch in Romanen vor: Danielle Steeles romantischer Bestseller *Keine größere Liebe* beginnt mit dem Sinken der *Titanic*, und Jack Finneys 1995 erschienener Roman *Von Zeit zu Zeit* versetzt einen Zeitreisenden an Bord des Unglücksdampfers auf der Suche nach Major Archibald Butt.

Californian hatte noch bis etwa zwei Uhr früh Raketen gesehen. Sogar wenn man den Zeitunterschied von zwölf Minuten zwischen den beiden Schiffen in Betracht zieht, ist die Diskrepanz groß genug, um erneut anzuzweifeln, daß die Notraketen, die von der *Californian* gesehen wurden, tatsächlich von der *Titanic* stammten.

Lawrence Beesley bat, diese Beweise erst nach seinem Tod zu veröffentlichen. Als er 1967 im Alter von 89 Jahren starb, konnte Leslie Harrison endlich diese unter Schwur abgelegte Aussage in seinen Einspruch für Kapitän Lord aufnehmen. Doch das Handelsministerium wies Beesleys Beweise mit der Begründung zurück, daß es sich „nicht um Aussagen handelte, die nicht auch bei der Untersuchung gemacht hätten werden können". Es sollte weitere 24 Jahre dauern, bis Kapitän Lords Rolle bei den Ereignissen erneut untersucht wurde.

Sie kennen das Buch ...

Die Versuche herauszufinden, was wirklich in der Nacht vom 14. April 1912 geschah, stellten sicher, daß das Interesse an der *Titanic* niemals nachließ. Seit Beginn waren Massen an Büchern erschienen,

von denen viele unterschiedliche Interpretationen der Ereignisse und Persönlichkeiten gaben. Nach dem ersten Stummfilm sollte es 30 Jahre lang dauern, bevor der nächste Film über die *Titanic* herauskam – und dann kam er aus Deutschland. Der Film *Titanic* aus dem Jahr 1943 war typische Nazi-Propaganda, die Briten und Juden in Mißkredit bringen sollte. Als persönliches Projekt von Propagandaminister Joseph Goebbels unter der Regie von Herbert Selpin gedreht, war der Held der einzige Deutsche an Bord. Der Charakter war fiktiv.

Hollywood wollte 1953 mit dem Film *Untergang der Titanic* von Twentieth Fox wieder das Gleichgewicht herstellen. In den Hauptrollen spielten Clifton Webb, Barbara Stanwyck und Robert Wagner, Produzent und Co-Autor war Charles Brackett. Der Film versprach, „das größte Seedrama aller Zeiten" zu erzählen. Das Schiffsmodell der *Titanic* steht heute im Marinemuseum in Fall River, Massachusetts. Zwei Jahre später veröffentlichte der Autor Walter Lord sein Epos über den Untergang der *Titanic* mit dem Titel *Die letzte Nacht der Titanic*. Lords Herausgeber empfahl ihm, das Buch nicht *Titanic* zu nennen, da dieser Titel Unglück brächte. Das Buch

Die Versuche herauszufinden, was wirklich in der Nacht vom 14. April 1912 geschah, stellten sicher, daß das Interesse an der Titanic niemals nachließ.

☆

Viertes Kapitel

HEBT DIE *TITANIC* *Impresario Lord Grade mußte für die Produktion 35 Millionen Pfund aufbringen. Das Publikum war wenig beeindruckt.*

wurde ein Erfolg und brachte die Geschichte der *Titanic* einer ganzen neuen Generation nahe. So war es nicht überraschend, daß es verfilmt wurde (Waddingtons brachten sogar ein Puzzle mit 470 Teilen zur Erinnerung an das Ereignis heraus). Produziert wurde der Film von William Macquitty für die British Rank Organisation unter der Regie von Roy Baker, mit Kenneth More als Zweitem Offizier Charles Lightoller, David McCallum als Funker Harold Bride und Alec McCowen als Harold Cottam, Funker der *Carpathia* in den Hauptrollen. Anders als beim Hollywoodfilm gab es hier mehr Action als Liebe, obwohl die Rettungsbootszenen im Ruislip Reservoir nahe der Pinewood Studios gedreht wurden.

Beworben als „eine unglaubliche, atemberaubende Erzählung über sechs Stunden, die mit keinen anderen sechs Stunden der Welt zu vergleichen sind", hatte der Film gute Kritiken. Die *New York Times* bezeichnete ihn als „ein komplexes, spannendes und sehr beeindruckendes Drama". Doch die Behauptung, daß die *Californian* untätig zusah, während die *Titanic* sank, verärgerte Kapitän Stanley Lord (nicht verwandt mit Walter Lord).

1960 hatte das Musical *Goldgräber-Molly* (nach der Geschichte der tapferen Millionärin aus Denver, die 1932 gestorben war) am Broadway Premiere. Vier Jahre später wurde es mit Debbie Reynolds in der Hauptrolle verfilmt.

Die Einsprüche an das Handelsministerium bedeuteten, daß die *Titanic* in den 60er Jahren nie in Vergessenheit geriet. Auch andere Ereignisse sorgten dafür. Außer Lawrence Beesley starb auch der Ausguckposten Frederick Fleet, der den Eisberg als erster gesehen hatte, 1965 im Alter von 76 Jahren in Southampton. In seinen letzten Jahren hatte Fleet in den Straßen der Stadt Zeitungen verkauft.

Neue Tiefen

Die Faszination für die *Titanic* flammte 1977 mit dem Erscheinen von Clive Cusslers Bestseller *Hebt die Titanic* erneut auf. Impresario Lord Grade war von der Idee so angetan, daß er die Filmrechte kaufte. Die Dreharbeiten fanden in Athen statt, und ein rostiger alter Passagierdampfer mit dem Namen *Athinai* diente als soeben gehobene *Titanic*. Als ein russischer Passagierdampfer im Verlauf der Dreharbeiten in Athen anlegte, war der Kapitän mehr als geschockt, als er lauter amerikanische Flaggen sah. Drei Jahre und 35 Millionen Pfund später (Grade scherzte, daß es billiger gewesen wäre, den Atlantik zu versenken) kam *Hebt die Titanic* mit Jason Robards, Richard Jordan und Alec Guinness in die Kinos. Leider wurde der Film ein Riesenflop. *Variety* schrieb: „Der Film erreicht neue Tiefen, in die bisher noch nicht einmal die schlechtesten von Lew Grades überladenen Schiffsmelodramen vordrangen. Hier wird eine eigentlich interessante Handlung mit einem langweiligen Drehbuch, schwachen Schauspielern, lachhaften Tricks und einer dümmlichen Regie vergeudet, die sogar *Reise der Verdammten* als Meisterwerk erscheinen lassen." Der Rezensent des *Guardian* war ebenso wenig begeistert: „Je länger der Film dauert, desto mehr hofft man, daß er über Bord geworfen wird, falls die *Titanic* jemals gehoben wird."

Im Jahr bevor *Hebt die Titanic* spurlos verschwand, wurde eine ähnlich schlechte Miniserie, *S.O.S. Titanic*, mit Cloris Leachman als Molly Brown und Hellen Mirren als Stewardeß Mary Sloan für das amerikanische Fernsehen produziert.

Gerüchte über Reichtümer

Doch dies störte die Anhänger der *Titanic* in aller Welt in keiner Weise. *Die letzte Nacht der Titanic* hatte die Phantasie einer Gruppe junger Amerikaner beflügelt. Unter der Führung des 18jährigen Edward Kamuda bildeten sie mit Gleichgesinnten die Gesellschaft *Titanic Enthusiasts of America* und gründeten ihre eigene Zeitschrift, den *Titanic Communicator*. Die Gesellschaft begann mit 45 Mitgliedern, doch heute hat sie unter dem Namen *Titanic Historical Society* mehr als 3.000 Mitglieder in so entfernten Ländern wie den USA, Großbritannien, Australien, Deutschland, Holland, Frankreich, Norwegen, Hawaii und Malaysia. (Es gibt in Großbritannien und Norwegen auch eigene *Titanic* Gesellschaften). Im Lauf der Jahre hat der THS einige Stücke von der *Titanic* erhalten (den Rasierer eines Stewards, eine Speisekarte, die Musterungsrolle von Frederick Fleet), doch der ganze Stolz ist der Rettungsring, den die schwangere Madeleine Astor bei ihrer Rettung trug.

Mitglieder der Gesellschaft gaben auch die Informationen, die schließlich zu der Entdeckung führte, die jeder an der Legende des großen Passagierdampfers Interessierte mit Spannung erwartet hatte – die Position des Wracks der *Titanic* wurde 1985 gefunden. Die Idee, die *Titanic* zu finden und von ihrem Grab im Ozean zu heben, war nicht neu, und da sie in internationalem Gewässer liegt, konnte theoretisch jeder danach tauchen. Bereits im März

1914, nur zwei Jahre nach dem Unglück, machte Charles Smith, ein Architekt aus Denver, Pläne zur Hebung der *Titanic* mit Hilfe von Elektromagneten und einem U-Boot, doch wurde das Projekt aufgrund der fehlenden Mittel fallen gelassen.

Obwohl die Passagiere nur wenig Geld für Juwelen von der Versicherung forderten (als klar war, daß sie das Schiff verlassen mußten, gingen viele Damen der ersten Klasse direkt zur Zahlmeisterei und holten ihre Juwelen), hielten sich die Gerüchte, daß große Reichtümer in dem gesunkenen Schiff lagen. Doch sogar die Kopie des Rubáiyát, des wertvollsten Schatzes der *Titanic*, hatte bei einer Auktion in London vor der unglückseligen Reise über den Atlantik nur 405 Pfund erzielt. Dennoch entwickelten einige andere Möchtegern-Entdecker, durch die alten Legenden oder durch reine Gier ermutigt, ausgefeilte Pläne zur Hebung der *Titanic*. Jeder dachte, er wüßte, wo das Wrack war – berechnet von der letzten bekannten Position des Schiffes –, so daß nur Arbeitskraft, technisches Wissen und viel Geld nötig wären.

Frühe Versuche einer Bergung

Aufgrund von Geldknappheit wurden die ersten ernsthaften Versuche einer Ortung erst 1953 gemacht. Im Juli dieses Jahres verließ das britische Bergungsschiff *Help* Southampton mit Kurs auf die Stelle, an der die *Titanic* angeblich lag. Doch trotz intensiver, siebentägiger Suche unter Wasser fand man weder 1953 noch im folgenden Jahr eine Spur des Schiffes.

Ein Mann, der sich durch den mangelnden Erfolg nicht beirren ließ, war der Engländer Douglas Woolley. Da er in einer Strumpffabrik arbeitete, hatte er nicht mehr zu bieten als eine Passion für das gesunkene Schiff. Zwischen 1966 und 1977 machte er beinahe jährlich Pläne für die Hebung der *Titanic*, die alle abgewiesen wurden, doch sein Enthusiasmus entfachte zumindest bei anderen Interesse, die das nötige Kleingeld aufbringen konnten.

Geld war sicher kein Thema für den texanischen Ölmillionär Jack Grimm, der bereits Expeditionen zur Suche des Ungeheuers von Loch Ness und von

Viertes Kapitel

Big Foot gesponsert hatte, so daß die *Titanic* nur eine natürliche Konsequenz war. Er engagierte das Lamont-Doherty Geological Observatory der Columbia University, und im Juli 1980 machte sich eine Expedition an Bord des Forschungsschiffes *H J W Fay* von Florida aus auf den Weg. Wieder waren die Ergebnisse enttäuschend. Sie versuchten es im Sommer 1981 und 1983 nochmals, doch wieder ohne Erfolg, obwohl Grimm behauptete, sie hätten den Propeller der *Titanic* gefunden. Dieser erwies sich später als Felsen.

Endlich erfolgreich

Der Mißerfolg dieser Versuche schreckte die Presse ab. Es schien, als ob die genaue Position der *Titanic* für immer ein Geheimnis bleiben würde. Als zwei wissenschaftliche Organisationen, das *Staatliche Französische Institut für Ozeanographie* (IFREMER) und die *Woods Hole Oceanographic* Institution aus Massachusetts ankündigten, daß sie eine neue Expedition zusammenstellten, war das Medienecho gering. Tatsächlich war das Hauptziel, „Tiefwassertests" durchzuführen. Die Entdeckung des Wracks der *Titanic* wäre nur ein zusätzlicher Pluspunkt.

Die Reise, die von der *National Geographic Society* mitfinanziert wurde, leiteten bei den Franzosen Jean Jarry und der 42jährige Geologe Dr. Robert Ballard, der Leiter des Tieftauchlabors von *Woods Hole*. Ballard wurde in Kansas geboren und studierte an der University of California Chemie und Geologie, bevor er an der University of Rhode Island sein Doktorat in Meeresgeologie und Geophysik erlangte. Danach trat er in *Woods Hole* ein, wo er sich mit der Erforschung des Meeresgrundes beschäftigte. Sein Interesse, die *Titanic* zu finden, stammte bereits aus den frühen 70er Jahren, doch bekam er damals keine finanzielle Unterstützung. Als er aber für das zweitgrößte ozeanographische Institut der USA zu arbeiten begann, änderte sich dies. Zur Ausrüstung dieser Expedition gehörte *ARGO-Jason*,

WINK DES SCHICKSALS
In Notrufen von der Titanic *wurde als letzte Position 41°46'N 50°46'W genannt. Das Wrack fand man aber auf 41°31'N 49°56'W.*

ein neues amerikanisches System, das den Wissenschaftlern erlauben sollte, die Tiefsee zu fotografieren, ohne das Boot zu verlassen, und das französische *SAR*, ein revolutionäres Tiefsee-Zweiseiten-Sonar, das den Meeresboden in einem Umkreis von etwa einem Kilometer untersuchen konnte.

Anfang Juli 1985 begann das französische Forschungsboot *Le Suroit* seine sechswöchige Untersuchung von 240 Quadratkilometern des Meeres, die großteils südlich und östlich der letzten Position der *Titanic* lagen. Ballard war nämlich der Überzeugung, daß die vorherigen Missionen gescheitert waren, weil sie einen zu kleinen Bereich untersucht hatten. Etwa 80 Prozent der Region wurden durchkämmt („Rasen mähen", wie es die Ozeanographen nennen), bis *Le Suroit* die Zeit ausging und sie nach Hause zurückkehrte. Wie später bekannt wurde, war sie einmal nur 100 Meter vom Erfolg entfernt.

Am 22. August nahm ihren Platz das Forschungsboot von *Woods Hole*, die *Knorr*, ein, die 26 Besatzungsmitglieder und 23 Wissenschaftler trug. Im Schlepptau hatte sie in einer Tiefe von etwa 3900 Metern *ARGO* mit einem Sonarsystem, starken Scheinwerfern und fünf TV-Kameras, die in verschiedene Richtungen zeigten. Einer ihrer Hauptvorteile war, daß sie, anders als frühere unbemannte Forschungs- und Überwachungsgeräte, mehrere Tage durchgehend unter Wasser bleiben konnte, falls notwendig.

ARGO durchscannte unter den wachsamen Blicken von Ballard und dem Techniker Jean-Louis Michel (mit dem Ballard in der Vergangenheit gearbeitet hatte) das Gebiet, das die Franzosen noch nicht untersucht hatten. Zwei Wochen lang fanden sie absolut kein Zeichen der *Titanic*, nur den üblichen Schlamm, durchbrochen vom einen oder anderen Fisch. Falls die Kamera etwas in der Dunkelheit fand, stiegen die Hoffnungen, doch wurden sie zerschlagen, sobald man merkte, daß es nur ein großer Felsen war. In der Nacht des 31. August schien alles wie üblich zu laufen. Um Mitternacht löste Michels Überwachungsteam Ballards Team ab. Während Ballard nach unten ging, um zu duschen und sich auszuruhen, saß Michel im Kontrollraum und beobachtete die Bildschirme. Kurz vor ein Uhr früh sah er etwas.

ARGO
Dieses ferngesteuerte Forsch- und Suchfahrzeug arbeitete in einer Tiefe von 3.900 Metern und sollte das letzte Kapitel in der langen Geschichte der **Titanic** *eröffnen.*

Viertes Kapitel

GEFUNDEN
Unter den Dingen, die ARGO entdeckte, war einer der berühmten, verzierten Kronleuchter der Titanic.

Die Kameras nahmen kleine Metallstücke auf. Als sie weiter schwenkten, wurde klar, daß es sich um Spuren von Trümmern handelte. Michel ließ Ballard rufen, der genau zurecht kam, um einen großen Metallzylinder am Bildschirm zu sehen. Dieser war sofort als Kessel zu erkennen – und nicht irgendein Kessel. Nachdem er zuvor monatelang die Fotos des Schiffsmechanismus, studiert hatte, wußte Ballard, daß dies ein Kessel der *Titanic* war.

Er erinnerte sich an diesen Moment: „Es war unglaublich. All diese Jahre und all die Bemühungen und Tage mit den Franzosen und all die Zeit davor, und BANG – da war sie!"

Die Kameras folgten der Spur zu ihrem Beginn. Etwa 600 Meter weiter übermittelten sie Bilder eines großen, dunklen Objekts, das eindeutig die *Titanic* war. Die offizielle Identifikation mußte bis zum nächsten Tag warten, da Ballard besorgt war, daß *ARGO* sich unweigerlich in dem immer dichter werdenden Metallnetz verfangen würde. Ballard wußte, daß es ungefähr dieselbe Zeit war, zu der die *Titanic* gesunken war, und so ließ er eine Gedenkminute für die Menschen einlegen, die 73 Jahre zuvor umgekommen waren.

Bei Tagesanbruch kehrte *ARGO* zum Meeresgrund zurück. Das große, schattige Objekt war tatsächlich der Bug der *Titanic*, der aufrecht stand, in erstaunlich gutem Zustand und nur leicht mit Ablagerungen überzogen. Die Bilder waren so deutlich, daß jede Niete ebenso zu sehen war wie die schweren Ankerketten, die ruhig da lagen, Teile des Gepäcks der Passagiere, Bettfedern, Porzellangeschirr, eine Fliese vom Rauchsalon der ersten Klasse, ein Generator, eine Silberplatte, ein Fenster vom Rauchsalon der zweiten Klasse, ein Nachttopf, sogar Weinflaschen (später als Bordeaux und Riesling identifiziert), die wie durch ein Wunder das Unglück heil überstanden hatten. Dann fand man das Krähennest mit einer losen Telefonschnur – damit hatte Frederick Fleet seine erste Warnung vor dem Eisberg verbreitet.

Die Fundstelle des Wracks war 41°43'N, 49°56'W, doch wurde sie vorerst geheim gehalten, um Plünderer fernzuhalten. Die *Knorr* verbrachte die nächsten fünf Tage in dem Gebiet mit der Suche nach dem Heck, das offenbar abgebrochen war. Am fünften Tag fand man es schließlich etwa 600 Meter

hinter dem restlichen Wrack in Stücken. Der erste und der letzte Schornstein fehlten. Laut dem Bericht des Zweiten Offiziers Lightoller war der vordere Schornstein ins Meer gekracht, als das Schiff unterging, und hätte ihn beinahe getötet.

Wieder an Land gab Ballard eine Pressekonferenz. Seine Schlußworte waren: „Die *Titanic* liegt in 3.900 Meter Wassertiefe in einem sanften Hügelgelände, ähnlich dem Voralpenland, das hinter ihr zu einem kleinen Canyon abfällt. Ihr Bug weist nach Norden, und sie sitzt aufrecht auf Grund. In dieser Tiefe gibt es kein Licht und kaum Leben. Es ist ein stiller, friedlicher Ort, an dem die Überreste dieser größten aller Seetragödien ihre Ruhe gefunden haben. Möge es ewig so bleiben, und möge Gott die wiedergefundenen Seelen segnen."

FENSTER OFFEN
Im April 1912 stürzten Tonnen von Wasser des Nordatlantiks durch diese Öffnungen, als das Schiff sank.

Viertes Kapitel

RUHESTÄTTE
Die Kameras von ARGO fanden diese schmiedeeiserne Bankseite, die gespenstisch in die Höhe stand.

„Ein Trümmerhaufen"

Den folgenden Sommer kehrte Ballard zu dem Fundort zurück, um das Wrack mit noch besseren Kameras eingehender zu untersuchen. Als sie das Innere der *Titanic* erforschten, fanden sie an Stelle der luxuriösen Kabinen nur einen Trümmerhaufen.
Der „schwimmende Augapfel", wie sie die Kamera nannten, soll bis zum B-Deck vorgedrungen sein. Die gesamte Holzeinrichtung war verschwunden, in den Jahrzehnten von Wasserwürmern zerfressen. Die Stahlsäulen, die die Kuppel und die Treppen gestützt hatten, waren aber ebenso intakt wie einige Kristallüster und Messingleuchten, doch im Großen und Ganzen zeigte sich ein Bild der Zerstörung. Darüber war das Ruderhaus ebenfalls systematisch zerfressen worden, so daß nur noch die Metallteile des Ruders übrig waren. Das Team erreichte nun die Safes des Schiffes. Der Roboterarm näherte sich dem größten, der angeblich in der Zahlmeisterei der zweiten Klasse stand, und zog am Griff, der aber nicht nachgab. Ballard erinnerte sich: „Er hatte einen großen Türgriff aus Bronze oder Gold, und wir sahen das Zifferblatt. Die Tür mit dem Wappen war poliert und rein und sah brandneu aus." Es gab einen gefährlichen Moment, als bei der Rückkehr zur Oberfläche das Gerät unabsichtlich eines der Stahlseile der *Titanic* nach oben brachte. Das Team war entschlossen, das Wrack nicht zu verändern: „Wir dachten, die Dinge sahen an dem Ort, wo sie waren, besser aus", sagte Ballard – und das Seil wurde sofort wieder ins Wasser geworfen.
Im Heckbereich lagen verschiedene Dinge verstreut herum, wie Elektroheizer, Töpfe und Pfannen und Tausende Kohlenstücke. Ballard war sehr erleichtert, daß er keine menschlichen Überreste fand. Es gab auch nur wenige und vereinzelte Besitztümer – hier ein Schuh, da eine Statue, der Kopf einer Kinderpuppe aus Porzellan.

Da hier so viele Menschen ihren Tod gefunden hatten, war der Deckbereich für Ballard und sein Team am schwierigsten zu untersuchen. Ballard beschrieb ihn als „Trümmerfeld". „Es sah nach Gewalt und Zerstörung aus, zerrissen und wirr wie ein Rattennest." Doch war er darauf bedacht, noch einige Teile in das Puzzle zu fügen, das der Untergang noch immer war, vor allem die genaue Art der Beschädigung durch den Eisberg. Er fand viele verbeulte Platten, doch der Bug lag 150 Meter im Schlamm begraben, so daß der fatale Riß nicht zu sehen war. Sein Trost war, daß der Zustand der *Titanic* es praktisch unmöglich machte, sie zu heben.

Dr. Ballards Hoffnung, daß die *Titanic* an ihrer Ruhestätte gelassen würde, erwies sich als allzu optimistisch. Sobald die Expedition 1986 nach Hause zurück gekehrt war schmiedeten geschäftstüchtige private und von der Regierung unterstützte Organisationen Pläne, Reste der *Titanic* zu heben. Im Juli 1987 schloß sich das französische *IFREMER* Institut (das mit Ballard gebrochen hatte) mit der *RMS Titanic Inc.* aus New York zusammen, um den Fundort nochmals zu besuchen. Hier entdeckten sie ein großes Loch in der Steuerbordseite des Bugs, das auf die Explosion des brennenden Kohlenbunkers oder – wahrscheinlicher – den Druck auf den Bug am Meeresboden zurückgeführt wurde. Sie nahmen auch etwa 1.800 Stücke mit – was Diskussionen und Beschuldigungen der Grabschänderei aufwarf. Der amerikanische Kongreß versuchte ein Gesetz durchzubringen, das den Import von Objekten von der *Titanic* verbot, doch wurde er überstimmt.

Die Stücke, die man 1987 mitnahm, wurden in Museen in Frankreich und Skandinavien ausgestellt. Darunter waren die Glocke des Vordermasts, der Ruderanzeiger, ein Safe, viel Silber und Porzellan. Einige dieser Stücke wurden bei einer französischen Fernsehsendung mit Telly Savalas gezeigt, bei der man unter großem Trara den Safe öffnete. Er war leer. So viel zu den Reichtümern auf der *Titanic*.

Nachdem das franko-amerikanische Konsortium Rivalen geschlagen hatte, kehrten sie im Sommer 1993 und 1994 zum Wrack zurück, um insgesamt 3.600 Stücke zu heben. Ab Oktober 1994 stellte das *Natio-*

EIN BLICK IN DIE VORRATSKAMMER
Einige der Bilder, die von ARGO gemacht wurden, spiegelten deutlich das Leben an Bord des großen Passagierdampfers vor 73 Jahren wider.

Viertes Kapitel

HIGH-TECH UNTERWASSER-BILDER
Sogar die starken Nieten der Titanic blieben den Kameras von ARGO nicht verborgen.

nal Maritime Museum in Greenwich diese Stücke unter dem Titel *The Wreck of the Titanic* aus. Die Ausstellung wurde von William Macquitty, dem Produzenten von *Die letzte Nacht der Titanic,* und den Überlebenden Edith Brown Haisman und Millvina Dean eröffnet, die zur Zeit des Unglücks sieben Wochen alt gewesen war. Unter den Ausstellungsstücken waren die Funkanlage des Schiffs, die Jacke eines Stewards, Major Arthur Peuchens Brieftasche (mit Inhalt) und die schmiedeeisernen Verstrebungen einer Deckbank. Obwohl die Ausstellung ein großer Publikumserfolg war, wurden Stimmen über die Moral laut. Kurz vor ihrem Tod im Jahr 1996 meinte die Überlebende Eva Hart: „Das Schiff ist ein Grab. Laßt es ruhen." Das Museum fürchtete keine Diskussionen und wurde auch von einer Passagierin der dritten Klasse, Beatrice Sandstrom, unterstützt. Sie sagte: „Ich freue mich persönlich, daß die Geschichte der *Titanic* mit Ihrer Hilfe in Erinnerung bleibt. Ihre Ausstellung von Objekten aus dem Schiff wird heutigen und künftigen Generationen die zeitlosen menschlichen Lektionen lehren, die aus dieser großen Seetragödie gezogen werden können."

Neue Beweise

Anhänger der Hebung rechtfertigten diese mit der Behauptung, daß die Expeditionen nicht nur die Geschichte aufleben ließen, sondern auch einige Rätsel lösen helfen könnten, die den Untergang der *Titanic* umgaben. Dr. Ballards Entdeckung war ohne Zweifel von großer Bedeutung. Sie bestätigte, daß anders als von einigen Zeugen behauptet, der Rumpf der *Titanic* unter Wasser abgebrochen war. Der Bug und das Heck waren getrennt und ihr Inhalt beim Aufprall auf den Meeresgrund verstreut worden. Die Expedition der *Knorr* hatte endlich gezeigt, daß die genaue Position der *Titanic* etwa 20 Kilometer von der hastigen Schätzung Joseph Boxhalls kurz nach der Kollision mit dem Eisberg entfernt war. Dies warf wiederum neues Licht auf die angebliche Schuld von Kapitän Lord und der *Californian*. Mit dieser neuen Information konfrontiert, ließ das britische Handelsmini-

TITANIC – NEUE ABENTEUER

Virtuelle Rekonstruktion des Inneren der Titanic in einem 3-D-Videospiel.

Zu den letzten Projekten über die *Titanic* gehört ein 3-D-Videospiel und ein Musical! Letzteres hatte im April 1997 anläßlich der 85. Wiederkehr des Unglücks am Broadway Premiere und enthält heitere Lieder und Tanzrhythmen ... und ein Finale auf einer abschüssigen Bühne. Im Mittelpunkt des Stücks von Peter Stone mit Musik von Maury Yeston steht der Kontrast zwischen den reichen Passagieren auf den Oberdecks und den armen Emigranten darunter. Die sechs Hauptdarsteller sind der Erbauer, der Besitzer, ein Passagier, ein Ausguckposten, ein Heizer und ein Funker. Maury Yeston sagt, daß es in dem Musical um Träume geht. „Emigranten träumten von einem besseren Leben in Amerika", meint er. „Die Mittelklasse träumte von Reichtum, und die Reichen träumten, daß ihre Vorherrschaft ewig anhalten würde."

Doch seine Idee stieß schon früh auf Widerstand. Die *Titanic Historical Society* klagte: „Wir halten das für falsch. Es war eine schreckliche Tragödie, bei der gute, tapfere Menschen starben, damit Frauen und Kinder leben konnten. Wir glauben nicht, daß man darüber lachen, scherzen und singen kann."

Yeston gibt zu, daß das Musical leicht Anlaß für grausame Scherze werden kann. Monate vor der ersten Probe machten Witze in Theaterkreisen die Runde. Darunter war diese Vorhersage der Premierenkritiken: „*Titanic* hatte letzte Nacht am Broadway Premiere ... es gibt keine Überlebenden."

Viertes Kapitel

sterium die Untersuchung von 1912 neu aufrollen, bei der man Lord ohne Prozeß verurteilt hatte. Nach zweijähriger Untersuchung wurde der Bericht des Ministeriums im März 1992 veröffentlicht, doch er enthielt nur die Kontroversen zwischen dem Verfasser des Berichts, Kapitän James de Coverly, und Kapitän Thomas Barnett, der die Aussagen neu beurteilen mußte. Barnett teilte die Auffassung von 1912, daß die *Californian* beim Untergang der *Titanic* weniger als 16 Kilometer entfernt war. Kapitän de Coverly meinte dagegen, daß die Entfernung zwischen den beiden Schiffen 29 Kilometer betrug. Kapitän Barnett war sicher, daß die *Titanic* in jener Nacht von der *Californian* gesehen wurde, Kapitän de Coverly meinte, es hätte sich um ein anderes Schiff, wahrscheinlich den norwegischen Robbenfänger *Samson*, gehandelt.

Kapitän de Coverly beschäftigte sich besonders mit dem Verhalten von Herbert Stone, der am 15. April 1912 zwischen Mitternacht und vier Uhr früh auf der *Californian* Wachdienst hatte. Stone zeichnete sich in diese Nacht nicht aus, da er den verschlafenen Kapitän Lord von einem Gehilfen über die Raketen informieren ließ, anstatt selbst zu gehen; den Funker Evans nicht aufweckte, obwohl eindeutig ein Schiff in Seenot war; und nicht den Maschinenraum benachrichtigte, um die *Californian* sofort abdrehen zu lassen. Obwohl Kapitän de Coverly einen großen Teil der Schuld Stone gab, entlastete er Lord nicht, sondern meinte, daß es zwar unwahrscheinlich ist, daß die *Californian* die Passagiere der *Titanic* hätte retten können, „doch hätte man es zumindest versuchen können". So bleibt die Frage von Kapitän Lords Verschulden weiter offen.

Die Entdeckung des Wracks ließ auch an der Stärke und Stahlqualität am Rumpf der *Titanic* zweifeln. Proben wurden 1987 bei der Expedition entnommen und von *IFREMER* und dem kanadischen *Bedford Institute of Oceanography* untersucht. Das Ergebnis wurde 1993 veröffentlicht und ließ vermuten, daß der Stahl der *Titanic* und ihre Schwesterschiffe bei niedrigen Wassertemperaturen brüchig wurde (als die *Titanic* auf den Eisberg auflief, betrug die Wassertemperatur knapp unter null Grad). Auf die „wahre Tragödie der *Titanic* übertragen", schloß der Bericht, daß „qualitativ höherwertiger Stahl ihren Untergang verhindert oder zumindest verzögert hätte und so mehr Besatzungsmitglieder und Passagiere gerettet worden wären." Die Proben zeigten auch einen hohen Schwefelgehalt – der bei Stahl die-

DR. ROBERT BALLARD
„Einfach traurig!" So beurteilt der Mann, der das Wrack der Titanic *fand, die heutigen Hebeversuche.*

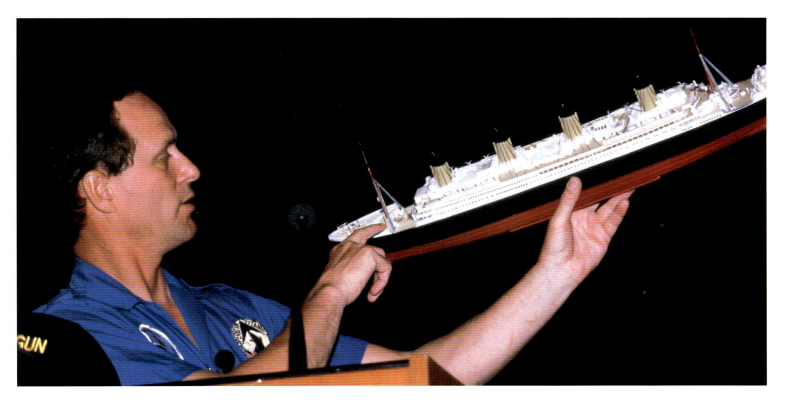

ser Zeit üblich war, aber das Metall noch brüchiger machte. Die *Titanic* war also nicht die unverwüstliche Festung, als die man sie dargestellt hatte.

Die Mission geht weiter

Da *RMS Titanic* nun die Exklusivrechte für die Hebung des Schiffes bekommen hat, soll zumindest ein Teil des Wracks gehoben werden. Der letzte Versuch wurde im August 1996 vor den Augen von 1.700 Touristen gemacht, die für das Privileg gezahlt hatten. Doch gab es eine Enttäuschung, als die Seile, mit denen ein 15 Tonnen schwerer Teil des Rumpfes gehoben werden sollte, plötzlich rissen. Das Meer wollte seine Schätze nicht so einfach hergeben.

Der Präsident von *RMS*, George Tulloch, hatte die 3,3 Millionen Pfund teure Hebung eines Teils des Schiffes in Angriff genommen, da er diesen als Hauptattraktion bei einer New Yorker Ausstellung über die *Titanic* haben wollte. Es soll den Tränen nahe gewesen sein, als er seinen Plan ein weiteres Jahr aufschieben mußte.

Es wird beträchtlich in die *Titanic* investiert, und der unermüdliche Tulloch will Reisen zum Wrack um 1.800 bis 7.000 Dollar verkaufen. Er hofft, die Menschen mit dem Versprechen anzuziehen, daß sie hautnah mit Prominenten reisen werden. Des-

GROSSE ERWARTUNGEN
1996 versuchte eine Expedition der **RMS Titanic** *einen Teil des Schiffes zu heben. Ein gerissenes Seil machte die Hoffnungen zunichte.*

Viertes Kapitel

SPANNUNGEN
Die Hebung von Material der Titanic *hat zu Diskussionen und Beschuldigungen der Grabschänderei geführt.*

weiteren will er konservierte, golfballgroße Kohlestücke um 25 Dollar das Stück verkaufen.

Der Kabel-TV-Sender *Discovery* soll *RMS* drei Millionen Dollar für die Film- und TV-Rechte zahlen, und laut Tulloch zählt zu den Sponsoren auch die *Bass Brauerei*, da er 12.000 Flaschen Bass Ale heben möchte. Er hat auch angedeutet, daß seine Firma Billy Carters Renault und die juwelenbesetzte Kopie des Rubáiyát heraufholen möchte.

Doch nicht alle hoffen, daß Tulloch Erfolg hat. Karen Kamuda, die Vizepräsidentin der *Titanic Historical Society*, denkt, daß ihm das Geld wichtiger ist als eine Rettung der Geschichte. Die *Society* fügt hinzu: „Die meisten Menschen, die Verwandte an Bord hatten, denken, daß sein Handeln grausam und schrecklich ist." Auf die Frage, was er davon hält, antwortete Dr. Robert Ballard:

„Einfach traurig."

Doch Tulloch bereut nichts. „Die *Titanic* ist nicht leicht heimzubringen", gesteht er. „Doch die größte Tragödie der Welt ist aufzugeben. Und wir geben nicht auf. Wir versuchen es nächstes Jahr wieder."

Das jüngste Interesse an der *Titanic* im Wasser spiegelt sich auch auf Land wider. Eine Reihe von Gedenkeditionen wurden 1989 herausgegeben, darunter eine beschränkte Serie von Porzellantellern und Fingerhüten mit einem Bild des Schiffes.

Im Sommer 1991 besuchten unabhängige Filmemacher das Wrack, um den Film *Titanica* zu produzieren, in dem sie beeindruckendes Filmmaterial des gesunkenen Schiffes zeigten. Die Kameras brachten ein makabres Detail aus dem Maschinenraums – zwei leere Heizerstiefel.

Wieder in den Schlagzeilen

Im November 1996 strahlte *CBS* die vierstündige Miniserie *Titanic* aus. In den Hauptrollen spielten George C. Scott als Kapitän Smith, Roger Rees als J. Bruce Ismay, Scott Hylands als John Jacob Astor,

Janne Mortil als seine junge Braut Madeleine und Marilu Henner als unsinkbare Molly Brown. Peter Gallagher und Catherine Zeta Jones waren zwei verliebte Passagiere und Timmy Curry ein Steward, der die Passagiere um ihre Wertgegenstände erleichterte. Das Magazin *Variety* war nicht begeistert und schrieb, die Serie „hat Starbesetzung, doch ist sie abgedroschen ... nichts mildert den Verdacht, daß diese schrecklichen, nächtlichen Meerszenen in der Badewanne gedreht wurden."

James Camerons Kassenschlager *Titanic* dagegen hat atemberaubende Spezialeffekte. Der Drehbuchautor und Regisseur, der die sehr erfolgreichen *Terminator*-Filme gedreht hatte, war so begeistert von den Unterwasseraufnahmen des Wracks, daß er im Herbst 1995 Dutzende Male in einem speziellen U-Boot zum Grund des Atlantiks abstieg, um genug Filmmaterial von dem gesunkenen Schiff zu drehen. Sein Film, 1996 produziert, heißt einfach *Titanic* (er soll 200 Millionen Dollar verschlungen haben). Ein Großteil des Films wurde in Mexiko gedreht. In Baja, Mexiko, baute Fox ein gewaltiges Trockendock, eine riesige Rekonstruktion der *Titanic* und ungeheure Tanks für die Unterwasserszenen und Nahaufnahmen. Einer der Tanks, der 180 Quadratmeter groß war und 68 Millionen Liter faßte, wurde verwendet, um die teilweise versenkte Rekonstruktion ohne das Heck zu filmen. Szenen wurden auch in Halifax, Nova Scotia, gedreht, in dem Hafen, in den die Leichen der Opfer transportiert wurden, und wo 150 der nicht identifizierten Leichen begraben liegen.

Einige der schwierigsten Szenen, darunter die Kollision mit dem Eisberg, das Zerbrechen des Schiffes und ihre Fahrt zum Meeresgrund, entstanden mit Hilfe von Computertechnologie. Sie wurden mit Camerons traditionelleren Szenen gemischt. Co-Produzent Jon Landau sagt: „Der Trick ist, zu wechseln und den Menschen nicht die Chance zu geben, darüber nachzudenken oder zu genau zu prüfen was da passiert."

Der neue Film ist vor allem eine Liebesgeschichte zwischen einer reichen Passagierin der ersten Klasse (gespielt vom aufsteigenden Star Kate Winslet), die sich auf der Reise in einen verarmten jungen Mann verliebt (Leonardo di Caprio). Zur Besetzung gehören auch Kathy Bates, Bill Paxton, Billy Zane und Frances Fisher.

Die Meinung, daß der Film viel zu teuer war, spiegelte die Erfahrung mit *Hebt die Titanic* wieder. Und der oft behauptete Fluch der *Titanic* zeigte sich erneut, als etwa 80 Personen der Filmcrew während der Dreharbeiten in Nova Scotia an einer schweren Lebensmittelvergiftung erkrankten.

Der Film, das Musical und die Absicht, das Schiff zu heben, haben die *Titanic* beinahe ein Jahrhundert nach ihrem Untergang wieder in die Schlagzeilen gebracht. Es mögen heute nur noch wenige Menschen leben, die den Untergang erlebt haben, doch gibt es genug Enthusiasten, die diese Legende am Leben erhalten. So lange einige Fragen über das Unglück nicht beantwortet sind, wird die Neugierde an den genauen Umständen des Untergangs des größten Passagierdampfers der Welt nicht erlöschen. Wie der Produzent des neuen *Titanic*-Films, Rae Sanchini, meint: „Die *Titanic* ist ein Thema, das sicherlich nie aus der Mode kommen wird."

JAMES CAMERON
Der Regisseur der Terminator-Filme machte den jüngsten und spektakulärsten Film über die Geschichte der Titanic *– bisher.*

KATE WINSLET
In James Camerons Titanic *ist sie eine Passagierin der ersten Klasse, die sich in einen verarmten jungen Mann verliebt.*

GLOSSAR

Achtern: Hinten am Schiff.

Appell: Versammeln der Schiffsbesatzung zur Befehlsausgabe.

Back: Aufbau auf einem Schiffsdeck.

Backbord: Die linke Seite des Schiffs in Fahrtrichtung.

Bilge: Die tiefste Stelle im Schiffsrumpf, bis zu der Stelle, wo die Seiten senkrecht werden.

Brücke: Erhöhte Plattform, von der aus das Schiff gesteuert wird.

Bug: Das vordere Ende des Schiffes, wo es schmäler wird.

Davit: Einer von zwei Kränen, die zum Aussetzen der Rettungsboote verwendet werden (Welin war ein bekannter Hersteller).

Flanken: Die Seiten eines Schiffes.

Heck: Hinteres Ende des Schiffes.

Heizer: Besatzungsmitglied, das die Öfen des Schiffes versorgt.

Helling: Eine künstliche Rutsche, auf der das Schiff zu Wasser gelassen wird.

HMS: Abkürzung für „Dampfschiff Ihrer Majestät".

Kiel: Der unterste Träger aus Holz oder Eisen, auf dem die Rumpfstruktur gebaut ist.

Knoten: Einheit, mit der die Geschwindigkeit gemessen wird, ca. eine Seemeile (1852 Meter).

Koje: Schlafplatz an Bord eines Schiffes.

Kolbenmaschine: Eine Maschine, die sich nach vorne oder hinten bewegen kann.

Krähennest: Ein Faß, das am Vormast des Schiffes befestigt ist und den Ausguckposten Schutz bietet.

Liegeplatz: Der Platz eines Schiffes in der Werft.

Mittschiff: In der Mitte des Schiffes.

Notboot: Ein Boot mit Seitenwänden aus Segeltuch, die zum Verstauen umgeklappt werden können.

Orlopdeck: Das unterste Deck eines Schiffes mit mindestens drei Decks.

Pinne: Ein Hebel, der direkt mit dem obersten Teil des Ruders verbunden ist und zur Steuerung dient.

Querschotte: Trennwände, die quer am Schiff aufgerichtet sind.

RMS: Abkürzung für „Royal Mail Steamer" (königlicher Postdampfer). Diese Initialen trugen die *Olympic* und die *Titanic*.

Ruder: Das Steuer.

Rumpf: Der Rahmen eines Schiffes.

Schlingerkiel: Eine Flosse, die ein Schlingern des Schiffes verhindert. Schlingerkiele sind außen an beiden Seiten des Rumpfes an der Bilge angebracht.

Schott: Eine senkrechte Trennwand, die das Schiff in Kammern oder wasserdichte Abteilungen unterteilt.

Steuerbord: Die rechte Seite eines Schiffes in Fahrtrichtung.

Trimmer: Besatzungsmitglied, das die Fracht ausgeglichen am Schiff verteilt.

Trockendock: Bassin, in dem Schiffe gebaut oder repariert werden und das mit Wasser gefüllt werden kann.

Verdrängung: Die Wassermenge, die von einem Schiff verdrängt wird.

Vorderkastell: Ein kurzes erhöhtes Deck am Bug.

Vorn: Zum Bug hin.

Zwischendeck: Wohndeck für Passagiere der billigsten Klasse (bei der *Titanic* die dritte Klasse).

INDEX

Alle *kursiv* geschriebenen Zahlen
bezeichnen Abbildungen.

A

Adelman, Frank 11-12
Adriatic (Schiff) 18, 19, 30
America (Schiff) 58
Amerika (Schiff) 64
Andrews, Thomas 19, 32, 33, 53, 71, 82
Antillian (Schiff) 66
Arizona (Schiff) 24, 25
Astor, John Jacob *48*, 48, 59, 76, 80, 96
Astor, Madeleine *48*, 48, 59, 76, 80, 107
Athinai (Schiff) 64

B

Bacon, Robert 50
Ballard, Robert 12, 114, 115-16, 117-18, 119,
    120, *122*, 124
Baltic (Schiff) 18, 64
Barnett, Thomas 122
Barr, Kapitän 63
Barrett, Frederick 71
Beesley, Lawrence 70-1, 99
Bill, Edward 50
Bird, Ellen 79
Birma (Schiff) 72
Bishop, Helen Dickinson 76
Bjornstrom-Steffanson, Mauritz Hakan 82,
    104
Blair, David 52
Bothnia (Schiff) 18
Bowyer, George 31, 54, 55, 57
Boxhall, Joseph 52, 71, 72, 73, 90, 93, 100
Brailey, Theodore 43
Brandeis, Emil 58
Brayton, George 97
Brewe, Arthur 10
Bricoux, Roger 43
Bride, Harold *33*, 33, 63, 64, 66, 82, 83, 86,
    90-1, 112
Britannia (Schiff) 16
Britannic (Schiff) 15, 17
Brown, Edward 87
Brown, Molly 9-10, 58, 77-8, *78*, 79
Browne, Francis 58f
Bucknell, Mrs. William 9-10
Burrows, Harry 50
Butt, Archibald 49, 64, 68, 82, 91

C

Calderhead, Edward 78
Californian (Schiff) 7, 66, 68, 90, 91, 93, 95,
    101-2, *105*, 109, 122
Cameron, James 125, *125*
Campagnia (Schiff) 18, 26
Cardeza, Charlotte 49, 51, 57, 104
Carlisle, Alexander *19*, 19, 26
Caronia (Schiff) 63
Carpathia (Schiff) 43, 72, 87, 90, 94, 95, 95-6,
    100, 109, 112
Carruthers, Francis 28, 33

Carter, Billy 49, 64, 76, 104, 124
Case, Howard 79
Cedric (Schiff) 18
Celtic (Schiff) 18, 29, 109
Chevre, Paul 94
Clarke, Maurice 53
Coffey, John 58-9
Cottam Harold Thomas 72-3, 90-1
Crowe, George 100
Cunard, Samuel 16
Carruthers, Francis 32

D

Daly, Eugene 59, 104
Daniel, Robert W. 89, 104, 107
Davidson, Thornton 79
Dean, Millvina 120
Demosthenes (Schiff) 27
Die Amerikanisierung der Welt (Stead) 8
Dillon, Thomas 71
Dodge, Washington 49
Drew, Marshall 94
Duff Gordon, Cosmo 58, 79, 103,109
Duff Gordon, Lucy *58*, 58, 70, 79, 109
Duke of Argyll (Schiff) 28

E

Evans, Cyril Furmstone 68, 93, 122

F

Fleet, Frederick 68, 70, 77, 100, 112, 113, 116
Forster, M. 50
Francatelli, Laura 79
Frankfurt (Schiff) 95
Frauenthal, Henry 10, 11, 76-7
Frauenthal, Isaac 10-11, 76-7
Frick, Henry 50
Futility (Robertson) 7-8, *8*
Futrelle, Jacques 49

G

Gale, Kapitän 55-6
Galway Castle (Schiff) 27
Gardiner, Robin 12-13
Garnett, Mayn Clew 9
Germanic (Schiff) 17
Gibson, Dorothy 49, 107, *107*
Gibson, James 93
Giglio, Victor 57, 82
Gill, Ernest 93
Goldgräber-Molly (Musical) 112
Gracie, Archibald 49, 63, 68, 82,
    83, 97
Grade, Lew 112, *112*
Great Eastern (Schiff) 18, 21
Grimm, Jack 113-14
Guggenheim, Benjamin 57-8, *58*, 82

H

Haisman, Edith 120
Harding, J. Horace 50
Harland, Edward 15

Harris, Henry B. 9, 49
Harris, Renée 49
Harrison, Leslie 110
Hart, Benjamin 53-*4*
Hart, Esther 53-*4*
Hart, Thomas 53
Hartley, Wallace 12, 44, 73, 82, 98, 102, 103
Hawke (Schiff) 8, 9, 12, 31, 54
Hays, Charles 49, 79
Hays, Mrs. 96
Hebt die Titanic (Film) 112-13, 125
Hemming, Samuel 66
Hichens, Robert 77, 78-9
Hoffman, Michel 81
Hogg, George 76
Holden, J. Stuart 50
Hume, John 9
Hume, Mrs. 9

I

Ireland (Schiff) 58
Isaacs, Sir Rufus 102
Ismay, Bower 107
Ismay, Joseph Bruce 15, *17*, 17, 18, 19, 29, 32,
    50, 51, 63, 64, 71, 76, 80, 100, 103, 107-8
Ismay, Thomas Henry 16, 17, 18

J

Jarry, Jean 114
Jenkin, Stephen 9
Jewell, Archie 68, 76
Johnson, James 70
Jones, Thomas 97
Joughin, Charles 80, 82, 86

K

Kamuda, Edward 113
Kamuda, Karen 124
Klein, William 9
Knorr (Schiff) 115, 116, 120

L

Landau, Jon 125
Latimer, Andrew 82
Lee, Reginald 68
letzte Nacht der Titanic, Die (Buch)
    (Lord) 111-12
letzte Nacht der Titanic, Die (Film) 108, 109,
    112, 113, 120
Lightoller, Charles Herbert 52, 65, 66, 67, 68,
    71, 76, 80, 83, 90, 100, *105*, 109, 117
Lord, Stanley 91, 93, 95, 100, 101-2, 109-10,
    111, 112, 120, 122
Lowe, Harold 52, 76, 80, 87, 101, 109
Lusitania (Schiff) 11, 18

M

Mackay-Bennett (Schiff) 96
Macquitty, William 120
Majestic (Schiff) 17, 18
Maloja (Schiff) 27
Marconi, Guglielmo 100, 102-3, *105*

Marshall, Blanche 11
Marvin, Daniel Warner 91
Mauretania (Schiff) 18, *18*, 50
May, Richard 43
McCallum, David 112
McElroy, Herbert 80
McGough, James 78
Medic (Schiff) 109
Mersey, Lord 102, 103, 105, 109
Mesaba (Schiff) 66
Michel, Jean-Louis 115-16
Millet, Frank 49, 82
Moody, James 52, 68
Moore, Clarence 82
More, Kenneth 112
Morgan, John Piermont 12, *17*, 17, 29, 50, 51, 107
Mount Temple (Schiff) 72
Murdoch, William 30, 52, 65-6, 67, 68-70, 71, 76, 79, 83

N

Naess, Hendrik 110
New York (Schiff) 6, 8, 54-5, 56
Nomadic (Schiff) 27, 28, 29, 57
Noordam (Schiff) 64

O

O'Brien, James 50
Oceanic (Schiff) 16, 18, 19, 54
Olympic (Schiff) 8, 9, 12-13, 15, 16, 19, 20, 22, 24, 26, 27, 28, 29-32, 37, 51, 54, 56, 76, 90
Oregon (Schiff) 24

P

Paulson, Gosta Leonard 96
Pernot, René 57
Peuchen, Arthur 78, 120
Philadelphia (Schiff) 53
Phillips, Jack *33*, 33, 63, 64, 66, 68, 73, 83, 86, 93
Pirrie, William James *15*, 15, 17, 19, 26, 28-9, 32
Pitman, Herbert 52, 76
Popular (Magazin) 8-9
Portaluppi, Emilio 104

Provence, La (Schiff) 72

R

Reeves, William 13
Republic (Schiff) 29
Reynolds, Debbie 112
Robertson, Morgan 7-8
Roebeling II., Washington Augustus 79
Rostron, Arthur Henry 73, 87, 90, *99*, 102, 103
Rothes, Gräfin 49, *51*, 79, 97
Rouse, Charity 9
Rouse, Richard 9
Rowe, George 73
Ryerson, Arthur 49, 76, 82
Ryerson, John 80

S

Sage, Annie 53
Sage, John 53
Samson (Schiff) 110
Sanderson, Harold 32, 33
Sandstrom, Beatrice 120
Sarnoff, David 90
Savalas, Telly 119
Saved from the Titanic (Gibson) 107
Scarrott, Joseph 71
Schwabe, Gustavus 15, 16, 17
Shackelton, Sir Ernest 103
Shepherd, Mrs. 12
Shipbuilder, The (Magazin) 21, 22-3, 24, 36, 38, 40
Sirius (Schiff) 17-18
Smith, Charles 113
Smith, Edward John 8, 29-31, *30*, 32, 52, *52*, 53, 55, 56, 58, 63, 64, 66, 68, *71*, 72, 73, 76, 78, 83, 86, 89, 97, 101, 103
Smith, Mary Eloise 107
Smith, William Alden 98, 101
Southampton Times und Hampshire Advertiser 38, 55
Sowden, W. Rex 12
Stead, W. T. *8*, 49
Steele, Benjamin 53
Stengel, Annie 77
Stephenson, Martha 71
Stone, Herbert 93, 122

Straus, Ida 48-9, 79
Straus, Isidor 48-9, *49*, 79
Sundowner (Schiff) 109
Suroit, Le (Schiff) 115
Symons, George 68, 71, 79

T

Teutonic (Schiff) 17, 18, 19
Thayer, John 49, 64, 96
Thayer, Mrs. 76, 96
Titanian (Schiff) 13
Titanic (Film) 125
Titanic (TV-Serie) 124-5
Titanica (Film) 124
Titanic-Verschwörung, Die (Gardiner & van der Vat) 12-13
Traffic (Schiff) 27, 28, 57
Tragödie der Titanic (Beesley) 110
Troutt, Edwina 104
Tulloch, George 123-4

U

Umbria (Schiff) 18
Untergang der Titanic (Film) 111

V

van der Vat, Dan 12-13
Vanderbilt, George 50
Variety (Magazin) 112-13, 125
Vulcan (Schiff) 55, 56

W

Warren, Francis 49
Wheeler, Frederick 50
White, Alfred 92
White, Ella Holmes 104
White, J. Stuart 70
Widener, Eleanor 49, 64, *65*, 66, 96
Widener, George 49, 64, *65*, 66
Widling, Edward 32
Wilde, Henry 51, 80, *81*, 83
Winslet, Kate 125, *125*
Wolff, Gustav 15
Woolley, Douglas 113
Woolner, Hugh 76, 81-2
Wright, Frederick 40, 63, 82

BILDNACHWEIS

Die Herausgeber möchten den folgenden Instituten für die Erlaubnis zur Veröffentlichung der Bilder in diesem Buch danken:

AKG, London 12, 88-9. **Bridgeman Art Library**/Harley Crossley 62, 74-5. **Christie's Images** 387,b. **Corbis-Bettmann** 14, 48t, 58t/UPI 48b, 58b, 65, 78, 107, 115. **Courtesy of the Cork Examiner** 4-5, 13. **Mary Evans Picture Library** 8t, 17t, 18, 77, 92, 95, 98. **John Frost Newspapers** 7, 27, 39, 67, 70r, l, 71, 82, 83. **Ronald Grant**

Archive 108, 110, 112. **Hulton-Getty** 30, 49, 81, 86, 96, 101, 104, 105b. **ILN** 19, 33, 91. **Image Select**/Ann Ronan 69. **Trevor Lawrence** 60-1. **London Features International**/CPS 125t. **MSI** 6, 55, 105t. **National Geographic**/Emory Kristof 117, 118. **National Maritime Museum, London** 25. **Network Photographers**/Rapho, Xavier Desmier 106, 116tl, 120, 123, 124. **Paul Louden-Brown-Courtesy of Ocean Liner Society** 15, 34, 37, 40, 44, 45, 47, 56, 99, 100, 102, 103. **Robert Opie** 32. **Popperfoto** 10, 11, 29, 41, 42, 43, 51b, 52, 59, 72. **Rex**

Features Ltd. 16, 22/Dave Lewis 125b/Sipa, Sachs 84-5. **Frank Spooner Pictures**/Gamma, Merkel-Liaison 122. **Topham Picturepoint** 8b, 9, 17b, 23, 33tr, 51t, 54, 73, 87, 119. **The Vintage Magazine Co.** 20, 35.

Es wurde alles unternommen, um die Bildquelle korrekt nachzuweisen und den Besitzer/Copyright Besitzer jedes Bildes zu kontaktieren. Carlton Books Limited behält sich unbeabsichtigte Fehler oder Auslassungen vor, die in späteren Auflagen dieses Buches korrigiert werden.